제6판

현대통계학

- 연습문제 풀이 및 해답 -

김현중 · 박래수 · 박정식 · 윤영선(가나다순)

다 산 출 판 사

연습문제 풀이 및 해답

제1장 통계학의 기초개념

1.1 생략

1.2 (예시 모범 답안) 모집단은 연구자의 관심의 대상이 되는 모든 개체의 집합이며, 표본은 모집단에서 조사대상으로 채택된 일부라는 점에서 차이가 있다. 예를 들어, 연구자가 우리나라 대학생들의 평균 용돈에 대해 알고 싶다면, 모집단은 우리나라 전체 대학생들이다. 이때의 표본은 모집단의 일부, 즉 선택된 일부 대학생들이 될 수 있다.

1.3 (예시 모범 답안) 모집단의 특성을 수치로 나타낸 것이 모수이며, 표본의 특성을 수치로 나타낸 것을 통계량이라고 한다. 즉, 모수는 연구자의 관심의 대상이 되는 집합의 특성을 나타내는 수치이며 우리가 현실에서는 알기 어려운 수치이다. 모집단을 전부 조사하여 모수를 구하는 것은 현실적인 어려움이 있기에, 모집단의 일부를 뽑아 그 특성을 수치로 나타낸 것이 표본이라는 점에서 차이가 있다.

1.4 (예시 모범 답안) 기술통계학은 모집단 혹은 표본집단의 특성을 파악하는 통계학으로, 자료를 요약하고 정리하는 등의 자료특성의 계산방법과 관련된다. 추론통계학은 표본에서 얻은 통계량을 기초로 모집단의 특성, 즉 모수를 추론하는 통계학이다.
두 방법 모두 궁극적인 목표는 관심의 대상이 되는 집단의 특성을 알기 위한 것이라는 점에서 동일하다.

1.5 (예시 모범 답안) 모수통계학과 비모수통계학은 추론통계학의 방법들로, 모수통계학에서는 모집단에 대한 가정을 필요로 한다. 비모수통계학에서는 모집단의 분포모양에 대한 가정을 필요로 하지 않는다. 모집단에 대한

가정을 사용하지 않기에 비모수통계학은 대체로 편리하다고도 볼 수 있으나, 분포의 가정이 틀리지 않은 경우 모수통계학이 비모수통계학보다 모수를 추정하는 데 더 신뢰할 만한 결과를 산출해 내기 때문에, 모수통계학이 자주 사용된다.

1.6 생략

1.7 (예시 모범 답안) 표본은 모집단의 일부로, 표본의 평균은 모집단의 모든 개체가 아닌 일부 개체에 대한 정보로부터 계산된다. 반면 모평균은 관심의 대상이 되는 전체 집단으로, 모든 개체로부터 평균이 계산된다. 모집단의 일부로 구성된 표본은 모집단과 비슷한 특성을 가질 수는 있으나, 표본은 모집단 일부로 모집단과 완전히 동일하지는 않기에, 표본으로부터 계산된 평균과 모집단으로부터 계산된 평균은 다를 수 있다.

제2장 자료의 정리

2.1 양적 변수는 수치로 표현할 수 있는 속성이고, 질적 변수는 수치로 표현할 수 없는 속성이다.

2.2 ① 이산형 ② 연속형 ③ 연속형 ④ 이산형 ⑤ 이산형

2.3 ①

① MBTI 성격 유형은 명목변수로 가장 낮은 수준의 정보를 가지고 있는 변수이다.
② 등간변수
③ 서열변수
④ 등간변수

2.4 방대한 자료를 쉽게 정리하고 분석할 수 있다. 자료의 특성을 명확히 파악

하고 그 의미를 정확히 해석하는 데 도움을 준다.

2.5 ① 39명

② 44%

2.6 ① 149.9995~159.9995

② 169.9995와 179.9995의 가운데인 174.9995

③ 159.9995−149.9995=10.000

④ 16/65=0.246

⑤ 8+10+16=34, 34/65=0.523=52.3(%)

⑥ 10+16+14+10=50, 50/65=0.769=76.9(%)

2.7

혈액형	1반		2반		3반	
	상대적 빈도	백분율(%)	상대적 빈도	백분율(%)	상대적 빈도	백분율(%)
A	0.4	40	0.4	40	0.5	50
B	0.4	40	0.3	30	0.2	20
O	0.1	10	0.2	20	0.2	20
AB	0.1	10	0.1	10	0.1	10
합계	1.0	100	1.0	100	1.0	100

2.8 혈액형 B형인 학생의 비율이 가장 높은 반은 1반으로 상대적 빈도가 0.4이다.

2.9 주어진 자료에서 최고측정값과 최저측정값은 각각 177과 120이므로 6개의 등급으로 나누려면 등급의 구간은 다음과 같다.

$$\text{등급의 구간}=\frac{177-120}{6}=9.5$$

9.5에서 가장 가까운 정수는 10이므로 구간을 10으로 정하여 도수분포표를 만들면 다음과 같다.

키(X_i)	빈도수(f)
120~129	4
130~139	7
140~149	14
150~159	8
160~169	5
170~179	2
합계	40

2.10

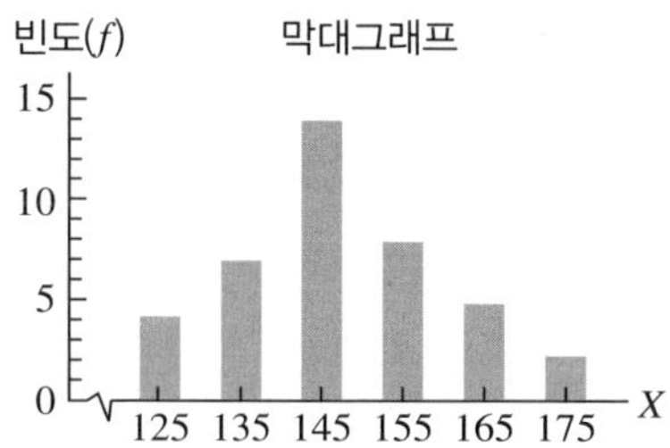

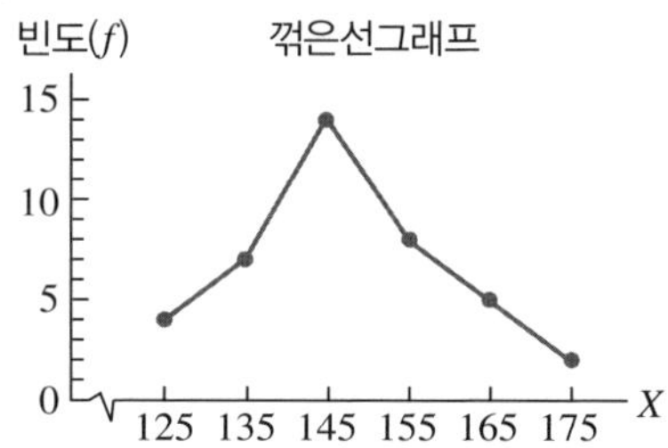

2.11

키(X_i)	빈도수(f)	상대적 빈도	상대적 누적빈도	누적백분율
120~129	4	0.10	0.10	10
130~139	7	0.175	0.275	27.5
140~149	14	0.35	0.625	62.5
150~159	8	0.20	0.825	82.5
160~169	5	0.125	0.950	95.0
170~179	2	0.05	1.000	100(%)
합계	40	1.000		

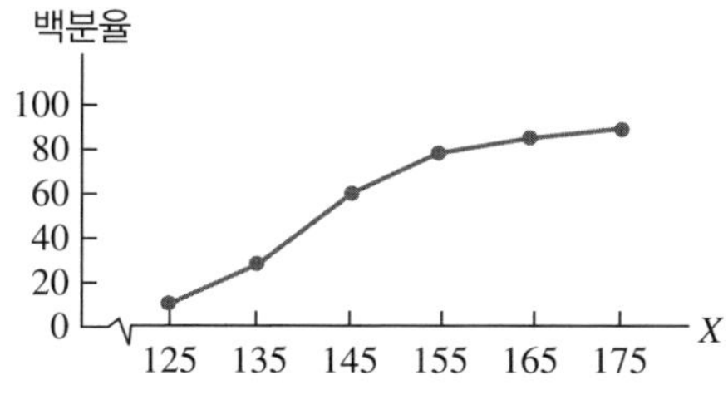

2.12

순도(X_i)	f	중간점	누적빈도	상대적 빈도	상대적 누적빈도
99.25 이상~99.40 미만	2	99.325	2	0.066	0.066
99.40 ~99.55	6	99.475	8	0.2	0.266
99.55 ~99.70	11	99.625	19	0.367	0.634
99.70 ~99.85	8	99.775	27	0.267	0.900
99.85 ~100.00	3	99.925	30	0.1	1.000

2.13

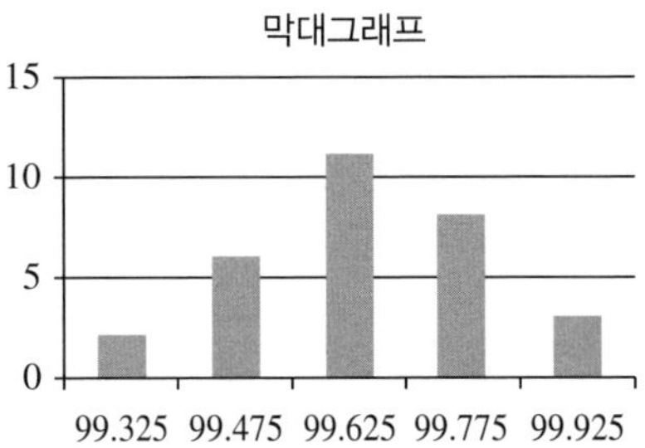

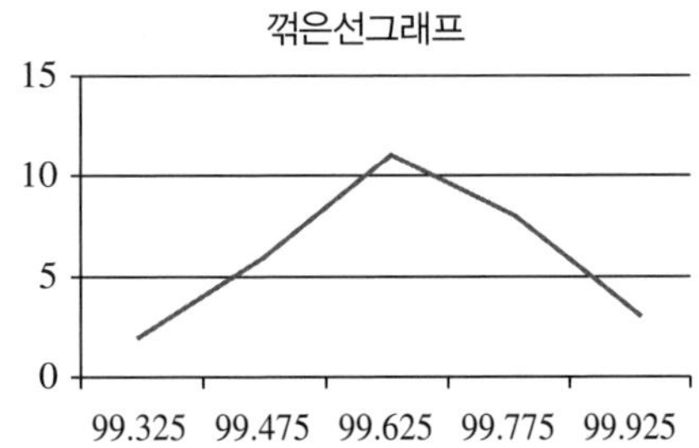

2.14

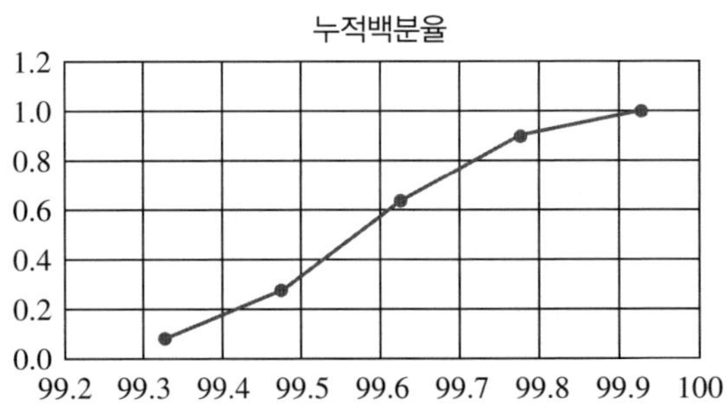

2.15 ① 최고측정값과 최저측정값은 각각 32.1과 11이다. 그러므로 등급구간은 $\frac{32.1-11}{5}=4.22$이다. 따라서 가까운 정수 5를 구간으로 하면 된다.

기온(X_i)	정확한계	빈도수(f)	상대적 빈도	상대적 누적빈도	누적백분율
10~14	9.5~14.5	5	0.16	0.16	16
15~19	14.5~19.5	7	0.23	0.39	39
20~24	19.5~24.5	10	0.32	0.71	71
25~29	24.5~29.5	6	0.19	0.90	90
30~34	29.5~34.5	3	0.10	1.00	100(%)
합계		31	1.00		

②

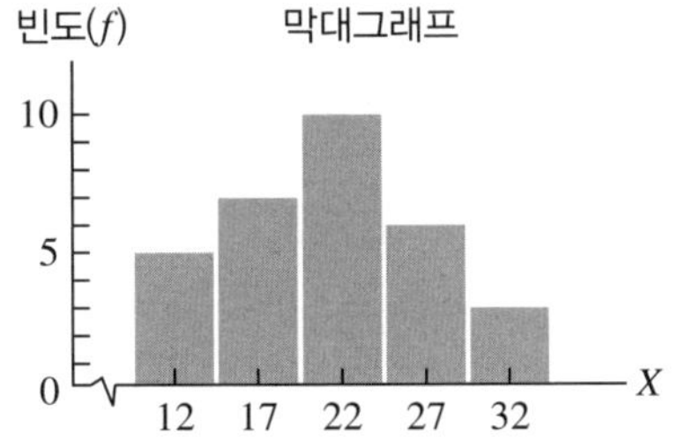

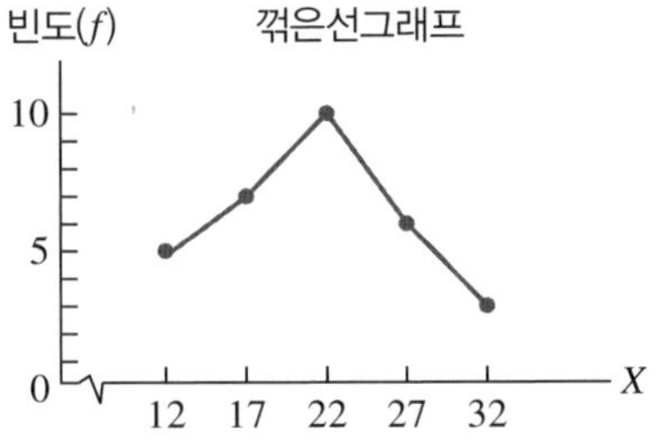

제3장 분포의 특성

3.1 ① 자료를 순서대로 정리하면 2, 2, 3, 5, 5, 5, 6, 6, 8, 9가 된다.

$$\text{산술평균}=\frac{\sum X_i}{n}=\frac{51}{10}=5.1$$

중앙값=5

최빈값=5

② 순서대로 정리하면 48.7, 48.9, 49.5, 50.3, 51.6이 된다.

$$\text{산술평균}=\frac{\sum X_i}{n}=\frac{249}{5}=49.8$$

중앙값=49.5

3.2 $\overline{X}=\frac{n_1\overline{X}_1+n_2\overline{X}_2+n_3\overline{X}_3+n_4\overline{X}_4}{n_1+n_2+n_3+n_4}=\frac{3,997}{63}=63.444(\text{kg})$

3.3

추석상여금(X_i)	인원(f_c)	중간점(X_c)	$f_c \cdot X_c$	누적빈도
118~126	3	122	366	3
127~135	5	131	655	8
136~144	9	140	1,260	17
→145~153	12	149	1,788	29
154~162	5	158	790	34
163~171	4	167	668	38
172~180	2	176	352	40
합계	40		5,879	

→ 중앙값을 포함하고 있는 계급

$$\text{산술평균} = \frac{\sum f_c \cdot X_c}{n} = \frac{5{,}879}{40} = 146.975$$

$$\text{중앙값} = L + i \cdot \frac{(n+1)/2 - F}{f}$$

$$= 144.5 + 9 \times \left(\frac{41/2 - 17}{12}\right) = 147.125$$

최빈값$=149$

3.4 평균$-$중앙값$=120-130=-10$

평균에서 중앙값을 뺄 때 음수가 나오면 왼쪽꼬리분포(skewness to left)다. 즉, 오른쪽(측정값의 값이 큰 쪽)에 측정값들이 모여 있는 분포다.

3.5 ① 범위 $R=18-3=15$

산술평균 $\bar{X} = \frac{\sum X_i}{n} = \frac{76}{8} = 9.5$

평균편차 $AD = \frac{\sum |X_i - \bar{X}|}{n} = \frac{34}{8} = 4.25$

표준편차 $S_X = \sqrt{\frac{\sum (X_i - \bar{X})^2}{n}} = \sqrt{23.75} = 4.873$

분산 $S_X^2 = 23.75$

② $R=18-3=15$

$$\overline{X}=\frac{\sum X_i}{n}=\frac{72}{8}=9$$

$$AD=\frac{\sum|X_i-\overline{X}|}{n}=\frac{18}{8}=2.25$$

$$S_X=\sqrt{\frac{\sum(X_i-\overline{X})^2}{n}}=\sqrt{15}=3.873$$

$$S_X^2=15$$

3.6

X_i	f	$X_i-\overline{X}$	$(X_i-\overline{X})^2$	$f\cdot(\overline{X}_i-\overline{X})^2$
3	2	−3	9	18
5	3	−1	1	3
7	2	1	1	2
8	2	2	4	8
9	1	3	9	9
합계	10			40

$$S=\sqrt{\frac{\sum f\cdot(X_i-\overline{X})^2}{n-1}}=\sqrt{\frac{40}{9}}=2.108$$

$$S^2=4.44$$

$\overline{X}=6,\ Md=6$이므로 $Sk=\dfrac{3(\overline{X}-Md)}{S}=\dfrac{3\times(6-6)}{2}=0$

대칭분포이다.

3.7 ① 집중화경향은 관찰된 자료가 어느 위치에 집중되어 있는지를 나타내는 것으로, 산술평균, 중앙값, 최빈값을 통해 이를 파악할 수 있다.

② 표준편차와 분산은 관찰된 자료가 어느 정도로 흩어져 있는지를 파악하기 위한 값으로, 분산은 관찰값과 평균의 차이인 편차를 제곱하여 모두 더한 값을 관찰값의 수로 나누어 구한다. 표준편차는 분산의 제곱근을 구한 값이다.

③ 비대칭도는 관찰값들이 대칭분포에서 어느 정도로 벗어나, 어느 쪽으로 치우쳐 있는가를 살펴보는 것이다.

3.8 중앙값은 전체 20명 중에서 10번째와 11번째에 있는 체중의 평균값이 되지만 간단히 하기 위해 10번째의 체중을 중앙값으로 간주하였다. 10번째의 체중은 3.0~3.4등급 안에 있다.

$$\bar{X}=\frac{\sum fX_i}{\sum f}=\frac{63.5}{20}=3.175$$

$$Md=2.95+0.5\times\left(\frac{10-6}{8}\right)=3.20$$

$$S=\sqrt{\frac{1}{n-1}\left[\sum fX_i^2-\frac{1}{n}(\sum fX_i)^2\right]}=\sqrt{\frac{1}{19}\left[208.85-\frac{1}{20}(63.5)^2\right]}\fallingdotseq 0.617$$

$$Sk=\frac{3(\bar{X}-Md)}{S}=\frac{3\times(3.175-3.20)}{0.617}\fallingdotseq -0.122$$

비대칭도가 음수로 나왔으므로 왼쪽꼬리분포라는 것을 알 수 있다.

3.9 ①

시험점수(X_i)	인원(f_c)	중간점(X_c)	$f_c \cdot X_c$	누적빈도
50~59	2	54.5	109	2
60~69	12	64.5	774	14
70~79	26	74.5	1,937	40
80~89	15	84.5	1,267.5	55
90~99	5	94.5	472.5	60
합계	60		4,560	

산술평균 $\bar{X}=\frac{\sum f_c \cdot X_c}{n}=\frac{4,560}{60}=76$

중앙값 $Md=L+i\cdot\left(\frac{(n+1)/2-F}{f}\right)$

$$=69.5+10\times\left(\frac{61/2-14}{26}\right)=75.846$$

최빈값 $Mo=74.5$

②

X_c	f_c	$X_c-\overline{X}$	$(X_c-\overline{X})^2$	$f_c\cdot(X_c-\overline{X})^2$
54.5	2	−21.5	462.25	924.5
64.5	12	−11.5	132.25	1,587
74.5	26	−1.5	2.25	58.5
84.5	15	8.5	72.25	1,083.75
94.5	5	18.5	342.25	1,711.25
합계	60			5,365

분산 $S_X^2=\frac{\sum f_c\cdot(X_c-\overline{X})^2}{n-1}=\frac{5,365}{59}=90.932$

표준편차 $S_X=\sqrt{S_X^2}=\sqrt{90.932}=9.536$

③ $Sk=\frac{3(\overline{X}-Md)}{S_X}=\frac{3\times(76-75.846)}{9.536}=0.048$

Sk의 값이 양수이므로 분포의 모양은 오른쪽꼬리모양이다.

3.10 i) 원자료에서의 평균과 표준편차

$\sum X_i=7,388,$ $\sum X_i^2=559,554$

$\overline{X}=\frac{\sum X_i}{100}=73.88,$ $S=\sqrt{\frac{1}{n-1}\left[\sum X_i^2-\frac{1}{n}(\sum X_i)^2\right]}$

$$=\sqrt{\frac{1}{99}\left[559,554-\frac{1}{100}(7,388)^2\right]}$$

$$=\sqrt{138.672}=11.776$$

ii) 도수분포표에서의 평균과 표준편차

점수(X_i)	중간점(X_c)	빈도(f)	$f \cdot X_c$	X_c^2	$f \cdot X_c^2$
40~49	44.5	2	89	1,980.25	3,960.5
50~59	54.5	7	381.5	2,970.25	20,791.75
60~69	64.5	25	1,612.5	4,160.25	104,006.25
70~79	74.5	39	2,905.5	5,550.25	216,459.75
80~89	84.5	17	1,436.5	7,140.25	121,384.25
90~99	94.5	10	945	8,930.25	89,302.5
합계		100	7,370		555,905

$$\overline{X}=\frac{\sum f \cdot X_c}{n}=\frac{7,370}{100}=73.70$$

$$S=\sqrt{\frac{1}{n-1}\left[\sum f \cdot X_i^2-\frac{1}{n}(\sum fX_i)^2\right]}=\sqrt{\frac{1}{99}\left[555,905-\frac{1}{100}(7,370)^2\right]}$$

$$=\sqrt{128.647}=11.34$$

3.11 불량품을 제거하기 전의 평균은 $\overline{X}=5.43$ 그리고 중앙값은 $Md=6.2$이다. 그리고 불량품을 제거한 이후의 평균은 $\overline{X}=6.44$, 중앙값은 6.5이다. 따라서 이상치를 제거함으로써 평균과 중앙값은 모두 증가하지만, 평균이 중앙값보다 더 큰 폭으로 증가함을 알 수 있다.

3.12 X를 제외하고 해당 자료를 순서대로 나열하면 2, 4, 9, 15, 17, 18(단위: kg)이다. 이때, X는 중앙값보다 작다는 가정이 주어졌기 때문에 중앙값이 $Md=10$이라는 것을 알 수 있다. $(X+65)/7=10$의 식을 풀면, $X=5$라는 것을 알 수 있다.

3.13 평균과 중앙값이 동일하기 때문에, 평균−중앙값=0이다. 따라서 피어슨 비대칭도계수는 0이다. 이러한 경우에는 분포의 모양이 좌우대칭이다.

3.14 전구 A와 전구 B의 수명에 대한 평균은 동일하게 3.8(년)이다. 전구 A의 수명에 대한 분산은 1.325 그리고 전구 B의 수명에 대한 분산은 0.345이다. 따라서 전구 A와 전구 B의 수명에 대한 분산의 차는 0.98이다.

3.15 전구 A의 수명에 대한 분산은 전구 B의 수명에 대한 분산보다 크기 때문에 관찰값이 흩어져 있는 정도 역시 더 크다. 따라서 전구 A의 분포가 상대적으로 더 넓게, 전구 B의 분포는 상대적으로 더 좁게 그려질 것이다.

제4장 확률이론

4.1~4.2 생략

4.3 ① $A \cup C$: 남학생 또는 근시인 학생

$U-(A \cup C)$: 학급에서 남학생이나 근시인 학생을 제외한 집합, 즉 근시가 아닌 여학생의 집합

② $(A \cap B)$: 남학생으로서 충치를 가진 학생

$A \cap B \cap C$: 남학생으로서 충치를 갖고 또한 근시인 학생의 집합

③ $\bar{A} \cap \bar{B}$: 여학생으로서 충치를 갖지 않은 학생

$\bar{A} \cap \bar{B} \cap C$: 여학생으로서 충치를 갖지 않고 또한 근시인 학생의 집합

④ $\bar{A} \cap (\bar{B} \cup \bar{C})$: 충치를 갖지 않든가 또는 근시가 아닌 여학생의 집합

4.4 ① 첫회에 1이 나올 확률은 $\frac{1}{6}$이고, 다음 회에 1이 나올 확률도 $\frac{1}{6}$이므로 곱셈정리에 의해서 $\frac{1}{6} \times \frac{1}{6} = \frac{1}{36}$이다.

② 두 개의 주사위 점이 모두 1, 2, 3, 4, 5, 6의 같은 수가 동시에 나올 확률은 $\frac{1}{36}$이다. 이들은 배타적 사건이므로 덧셈법칙에 의해서 $P=6 \times \frac{1}{36} = \frac{1}{6}$이다.

③ 처음에 1이 나오고 다음 2회 시행에는 1이 나오지 않을 확률은 $\frac{1}{6} \times \frac{5}{6} \times \frac{5}{6} = \frac{25}{216}$다. 두 번째와 세 번째 시행 때 1이 나올 경우도 마찬가지 확률이고, 이들은 모두 배타적 사건이므로 덧셈법칙에 의해 $P=3 \times \frac{25}{216} = \frac{75}{216}$다.

④ 두 개의 주사위 A, B를 동시에 던졌을 때 생길 수 있는 모든 경우는 $6 \times 6 = 36$가지다. 그런데 두 주사위의 합이 6 이하가 되는 경우는 아래

표와 같이 15가지이므로 구하려는 확률 $P=\frac{15}{36}=\frac{5}{12}$가 된다.

A	1	1	2	1	3	1	4	1	5	2	2	3	2	4	3
B	1	2	1	3	1	4	1	5	1	2	3	2	4	2	3

⑤ 세 개의 주사위 A, B, C를 던질 때 동시에 1, 2, 3의 수가 나오는 경우는 $3!=6$이며, 세 개의 주사위를 던졌을 때 생길 수 있는 모든 경우는 $6\times6\times6=216$이다. 그러므로 구하려는 확률은 $\frac{6}{216}=\frac{1}{36}$이다.

4.5 $P(M\,|\,E)=\frac{260}{360}=0.72$

4.6 E를 경영학개론에서 A학점을 받는 사건, S를 통계학입문에서 A학점을 받는 사건이라고 하면, 구하고자 하는 확률은 다음과 같다.

$$P(S\,|\,E)=\frac{P(E\cap S)}{P(E)}=\frac{1/2}{2/3}=\frac{3}{4}=0.75$$

4.7 비복원추출이므로 확률은 다음과 같이 구한다.

$$\frac{10}{15}\times\frac{9}{14}\times\frac{5}{13}=\frac{450}{2,730}$$

4.8 P(풍년 | 비가 많음)$=0.8$
P(흉년 | 비가 많음)$=0.2$
P(풍년 | 비가 적음)$=0.4$
P(흉년 | 비가 적음)$=0.6$

4.9 $P(\text{영어}\,|\,\text{국어})=\frac{P(\text{영어}\cap\text{국어})}{P(\text{국어})}=\frac{15\%}{50\%}=0.3=30(\%)$

4.10 베이즈 정리를 이용하면 된다. 거짓응답자일 경우의 사건을 L이라 하고 투표소 A, B, C에서 투표한 사람일 사건을 각각 A, B, C라 하면 $P(B\,|\,L)$은 다음과 같다.

$$P(B|L)=\frac{P(B)\cdot P(L|B)}{P(A)\cdot P(L|A)+P(B)\cdot P(L|B)+P(C)\cdot P(L|C)}$$

$$=\frac{(0.3\times 0.03)}{(0.2\times 0.05)+(0.3\times 0.03)+(0.5\times 0.02)}=\frac{9}{29}$$

4.11 중독이 일어날 사건을 B, 그리고 페니실린을 먹는 사건을 A, 또 페니실린을 먹지 않는 사건, 즉 아스피린을 먹는 사건을 $\overline{A}$라 하자. 그러면 페니실린을 먹고 중독될 확률은 $P(B|A)=0.80$, 아스피린을 먹고 중독될 확률은 $P(B|\overline{A})=0.05$가 된다. 그가 밤에 페니실린을 먹었을 확률은 $P(A)=\frac{1}{3}$이고, 아스피린을 먹었을 확률은 $P(\overline{A})=\frac{2}{3}$다. 그러면 페니실린을 먹어 중독증세를 일으켰을 확률은 베이즈 정리에 의해 다음과 같다.

$$P(A|B)=\frac{P(A)\cdot P(B|A)}{P(A)\cdot P(B|A)+P(\overline{A})\cdot P(B|\overline{A})}$$

$$=\frac{0.33\times 0.80}{0.33\times 0.80+0.67\times 0.05}=0.889$$

4.12 아이스크림을 먹는 사건을 A, 배가 아픈 사건을 B라 하면 구해야 하는 확률은 $P(A|B)$이다.

$P(A|B)=P(A\cap B)/P(B)$

$$P(A\cap B)=P(A)\cdot P(B|A)=\frac{1}{7}\times\frac{1}{5}=\frac{1}{35}$$

$$P(B)=P(A)\cdot P(B|A)+P(\overline{A})\cdot P(B|\overline{A})=\frac{1}{7}\times\frac{1}{5}+\frac{6}{7}\times\frac{1}{20}=\frac{1}{14}$$

따라서 구하는 확률은 14/35이다.

4.13 날씨가 맑은 사건을 A, 날씨가 흐린 사건을 B, 비가 오는 사건을 C, 지각하는 사건을 X라고 하자. 구해야 하는 확률은 $P(B|X)$이다.

$P(B|X)=P(B\cap X)/P(X)$

$$P(B\cap X)=P(B)\cdot P(X|B)=\frac{3}{10}\times\frac{1}{4}=\frac{3}{40}$$

$$P(X)=P(A)\cdot P(X|A)+P(B)\cdot P(X|B)+P(C)\cdot P(X|C)$$

$$=\frac{6}{10}\times\frac{1}{10}+\frac{3}{10}\times\frac{1}{4}+\frac{1}{10}\times\frac{4}{10}=\frac{7}{40}$$

따라서 구하는 확률은 3/7이다.

4.14 두 사건 A와 B가 독립이므로 $P(A)\cdot P(B)=P(A\cap B)$이다.
즉 $0.5\times P(B)=0.15$, $P(B)=0.3$

4.15 사건 A, B, C가 서로 독립이므로 $P(A)\times P(B)\times P(C)=P(A\cap B\cap C)$를 만족한다.
두 수의 곱이 홀수이려면 두 수가 모두 홀수여야 한다.
따라서 $P(A)$=주사위를 두 번 던져 두 번 모두 홀수가 나오는 확률=1/4
$P(B)=1/4$
$P(C)=x/(x+32)$
$P(A)\cdot P(B)\cdot P(C)=(1/4)\cdot(1/4)\cdot\{x/(x+32)\}=1/80$
따라서 $x/(x+32)=1/5$, $x=8$

제5장 확률분포의 개념

5.1 생략

5.2 가능한 결과는 다음 의사결정수와 같다. 앞면의 수를 확률변수로 하면 다음과 같이 숫자를 쓸 수 있다.

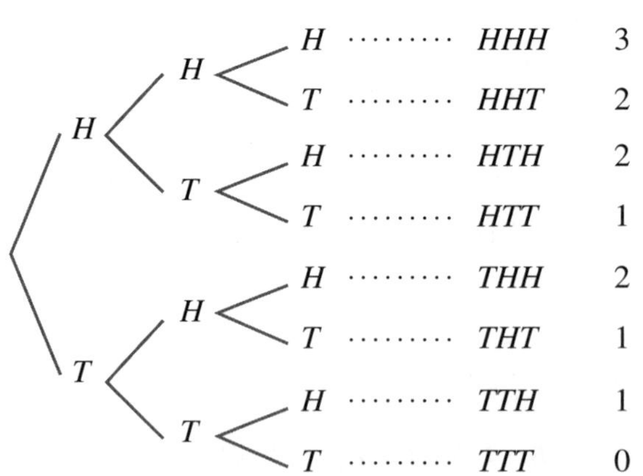

동전을 3번 던질 때의 확률

X_i	$P(X_i)$
0	1/8
1	3/8
2	3/8
3	1/8

5.3

X_i	$P(X_i)$	$X_i \cdot P(X_i)$	$X_i - E(X)$	$[X_i - E(X)]^2$	$[X_i - E(X)]^2 \cdot P(X_i)$
0	1/8	0	−3/2	9/4	9/32
1	3/8	3/8	−1/2	1/4	3/32
2	3/8	6/8	+1/2	1/4	3/32
3	1/8	3/8	+3/2	9/4	9/32
	$E(X)=12/8=3/2$				$\sigma^2=24/32=0.75$ $\sigma=\sqrt{0.75}=0.8660$

5.4

X_i	$P(X_i)$	$X_i \cdot P(X_i)$	$X_i - E(X)$	$[X_i - E(X)]^2$	$[X_i - E(X)]^2 \cdot P(X_i)$
340	0.2	68	−20	400	80
360	0.6	216	0	0	0
380	0.2	76	20	400	80
	$E(X)=360$				$\sigma^2=160$ $\sigma=\sqrt{160}=12.6491$

5.5 $\sigma=30$, $\sigma^2=900$이므로

$$E(2X)=2E(X)=2\times 50=100$$

$$\sigma^2(2X)=2^2\sigma^2(X)=4\times 900=3,600$$

$$\sigma(2X)=2\sigma(X)=2\times 30=60$$

5.6 5.3에서 $E(X)=\frac{3}{2}$, $\sigma^2(X)=\frac{3}{4}$이므로

$$E(X+5)=E(X)+5=\frac{3}{2}+5=6.5$$

$$\sigma^2(X+5)=\sigma^2(X)=\frac{3}{4}$$

5.7 1) X와 Y의 주변확률

X_i \ Y_j	280	300	320	340	X_i의 주변확률
70	0.00	0.00	0.02	0.08	0.10
80	0.00	0.03	0.03	0.10	0.16
90	0.02	0.05	0.06	0.15	0.28
100	0.05	0.06	0.10	0.25	0.46
Y_i의 주변확률	0.07	0.14	0.21	0.58	1.00

2) X의 기댓값과 분산

$E(X)=70\times0.10+80\times0.16+90\times0.28+100\times0.46=91$

$\mathrm{Var}(X)=(70-91)^2\times0.10+(80-91)^2\times0.16+(90-91)^2\times0.28$
$+(100-91)^2\times0.46=101$

Y의 기댓값과 분산

$E(Y)=280\times0.07+300\times0.14+320\times0.21+340\times0.58=326$

$\mathrm{Var}(Y)=(280-326)^2\times0.07+(300-326)^2\times0.14+(320-326)^2\times0.19$
$+(340-326)^2\times0.58=364$

5.8 1) 5.4

$3\times0.2+5\times0.4+7\times0.4=5.4(\%)$

2) 22

$10\times0.3+20\times0.2+30\times0.5=22(\%)$

5.9 1,950만 원

$3{,}500\times3{,}000+1{,}500\times6{,}000=19{,}500{,}000$

5.10 80개

$$40\times\frac{1}{5}+60\times\frac{1}{5}+80\times\frac{1}{5}+100\times\frac{1}{5}+120\times\frac{1}{5}=80$$

5.11 B

$E[X]=-100\times0.4+100\times0.4+200\times0.2=40$이고, $E[Y]=-100\times0.5+200\times0.3+400\times0.2=90$으로 방안 B의 기대수익이 더 높다.

제6장 이산확률분포

6.1~6.2 생략

6.3 $p=\frac{1}{6},\quad q=\frac{5}{6},\quad n=5$

① $P(X=0)={}_5C_0\left(\frac{1}{6}\right)^0\left(\frac{5}{6}\right)^5=1\times1\times\left(\frac{5}{6}\right)^5=\frac{3,125}{7,776}$

② $P(X=1)={}_5C_1\left(\frac{1}{6}\right)^1\left(\frac{5}{6}\right)^4=5\times\frac{1}{6}\times\left(\frac{5}{6}\right)^4=\frac{3,125}{7,776}$

② $P(X=3)={}_5C_3\left(\frac{1}{6}\right)^3\left(\frac{5}{6}\right)^2=10\times\frac{1}{216}\times\left(\frac{25}{36}\right)=\frac{125}{3,888}$

6.4 $p=\frac{1}{2},\quad q=\frac{1}{2},\quad n=4$

① $P(X=0)={}_4C_0\left(\frac{1}{2}\right)^0\left(\frac{1}{2}\right)^4=\left(\frac{1}{2}\right)^0=\frac{1}{16}$

$P(X\geq1)=1-P(X=0)=1-\frac{1}{16}=\frac{15}{16}$

② 딸이 없을 확률은 아들이 네 명 있을 확률과 같다.

$P(X=4)={}_4C_4\left(\frac{1}{2}\right)^4\left(\frac{1}{2}\right)^0=\frac{1}{16}$이므로

P(최소한 아들 하나, 딸 하나)

$=1-P$(아들이 없을 확률)$-P$(딸이 없을 확률)

$$=1-\frac{1}{16}-\frac{1}{16}=\frac{7}{8}$$

6.5 $p=0.4,\quad q=0.6,\quad n=5$

전체 중에서 한 명도 붙지 못할 확률을 빼면 된다.

$P(X\geq 1)=1-P(X=0)=1-{}_5C_0(0.4)^0(0.6)^5=0.9222$

6.6 $p=0.2,\quad q=0.8,\quad n=4$

① $P(X=0)={}_4C_0(0.2)^0(0.8)^4=0.4096$

② $P(X\leq 2)=P(X=0)+P(X=1)+P(X=2)$

$\qquad=0.4096+0.4096+0.1536=0.9728$

6.7 $n=3,\ p=\frac{5}{12},\ q=\frac{7}{12}$인 이항분포를 생각하면 된다.

① $P(X=0)={}_3C_0\left(\frac{5}{12}\right)^0\left(\frac{7}{12}\right)^3=0.1985$

$P(X=1)={}_3C_1\left(\frac{5}{12}\right)^1\left(\frac{7}{12}\right)^2=0.4253$

$P(X=2)={}_3C_2\left(\frac{5}{12}\right)^2\left(\frac{7}{12}\right)^1=0.3038$

$P(X=3)={}_3C_3\left(\frac{5}{12}\right)^3\left(\frac{7}{12}\right)^0=0.0723$

따라서

X_i	$P(X_i)$
0	0.1985
1	0.4253
2	0.3038
3	0.0723

② $E(X)=n \cdot p=3\times\frac{5}{12}=1.25$

$\text{Var}(X)=n \cdot p \cdot q=3\times\frac{5}{12}\times\frac{7}{12}=0.7292$

(참고 : $\Sigma X_i \cdot P(X_i)$로 $E(X)$를 구하여도 동일한 값을 얻는다.)

6.8 P(빨간 공 2개, 파란 공 2개, 노란 공 2개)

$=\frac{6!}{2!2!2!}\times(0.3)^2\times(0.4)^2\times(0.3)^2=0.1166$

6.9 1, 2, 3, 4학년 학생이 뽑힐 확률은 각각 0.2, 0.2, 0.3, 0.3이다.
P(1학년 3명, 2학년 3명, 3학년 3명, 4학년 3명)

$=\frac{12!}{3!3!3!3!}\times(0.2)^3\times(0.2)^3\times(0.3)^3\times(0.3)^3=0.0172$

6.10 $\frac{{}_5C_1 \cdot {}_3C_2}{{}_8C_3}=\frac{5\times3}{56}=\frac{15}{56}$

6.11 48.8%
불량품일 확률은 0.2이다. 확률변수 X는 3개 중 불량품의 개수라고 정의한다.
P(불량품이 최소 하나 있음)
$=1-P$(불량품이 없음)
$=1-P(X=0)=1-{}_3C_0\left(\frac{1}{5}\right)^0\left(\frac{4}{5}\right)^3=1-\left(\frac{4}{5}\right)^3=0.488$

6.12 27개
X는 $n=10$이고 성공확률 $p=0.9$인 이항분포, Y는 $n=20$이고 성공확률 $p=0.9$인 이항분포이다. X와 Y가 서로 독립이면, $Z=X+Y$는 $n=30$이고 성공확률 $p=0.9$인 이항분포이다. 이때 $E(Z)=30\times0.9=27$이다.

제7장 연속확률분포

7.1~7.2 생략

7.3 ①

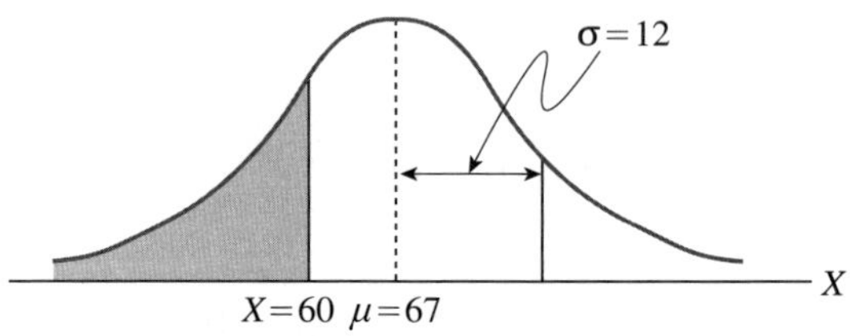

60의 Z점수 : $Z=\dfrac{X-\mu_X}{\sigma_X}=\dfrac{60-67}{12}=-0.5833$

$P(X<60)=0.5-0.2190$

$\qquad\qquad=0.2810$

②

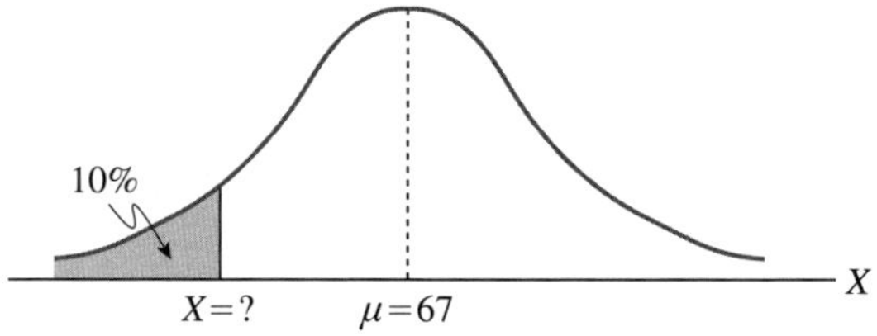

회색 부분이 10%가 되는 X값을 알려면 먼저 Z값을 구해야 한다.

$Z=-1.28,\ -1.28=\dfrac{X-67}{12}$에서 $X=51.64$점이다.

③

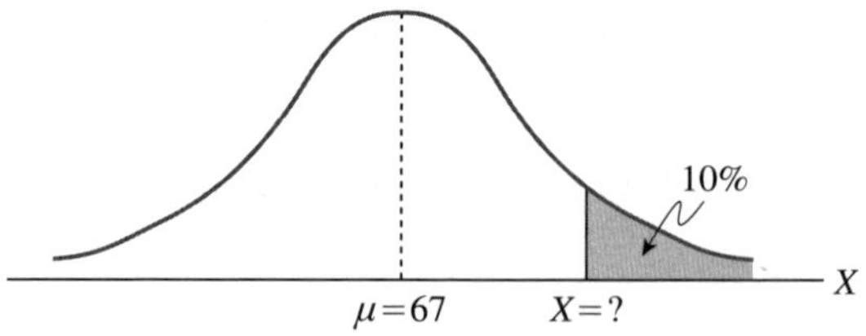

회색 부분이 10%가 되는 Z값은 1.28이다.

$1.28=\frac{X-67}{12}$,　　따라서 X는 82.36점이다.

7.4 60점 : $Z=\frac{X-\mu}{\sigma}=\frac{60-72}{15}=-0.8$

93점 : $Z=\frac{X-\mu}{\sigma}=\frac{93-72}{15}=1.4$

72점 : $Z=\frac{X-\mu}{\sigma}=\frac{72-72}{15}=0$

7.5 ① $P(0\leq Z\leq 2)=0.4772$

② $P(-0.46\leq Z\leq 2.21)=0.1772+0.4864=0.6636$

③ $P(Z\geq -1.28)=0.3997+0.5=0.8997$

7.6 ① $Z=1.16$ 또는 $Z=-1.16$

② $0.8621-0.5=0.3621$, 면적이 0.3621인 양수의 Z값은 1.09이다.

7.7 ① $Z=\frac{X-\mu}{\sigma}=\frac{20-9}{15}=2.2$

$P(Z\geq 2.2)=0.5-0.4861=0.0139$

$1,000\times 0.0139=13.9$(명)

② 9년 반의 Z값 : $Z=\frac{9.5-9}{5}=0.10$(비율은 0.0398)

10년 반의 Z값 : $Z=\frac{10.5-9}{5}=0.30$(비율은 0.1179)

$P(0.10\leq Z\leq 0.30)=0.1179-0.0398=0.0781$

$1,000\times 0.0781=78.1$(명)

③ $P(Z\geq 1.28)=0.10$,

$1.28=\frac{X-9}{5}$에서 $X=15.4$(년)

7.8 $P(Z \geq \alpha)=0.05, \qquad \alpha=1.64$

$1.64=\dfrac{X-72}{9}$에서 $X=86.76$(점)

7.9 $Z=\dfrac{X-\mu}{\sigma}=\dfrac{840-900}{42}=-1.43$

$P(Z \leq -1.43)=0.5-0.4236=0.0764$

$1,000 \times 0.0764=76.4$(개)

7.10 ① $Z=\dfrac{X-\mu}{\sigma}=\dfrac{42-36}{4}=1.5$

$P(Z \geq 1.5)=0.5-0.4332=0.0668$

② $Z=\dfrac{X-\mu}{\sigma}=\dfrac{39-36}{4}=0.75$

$P(Z \geq 0.75)=0.5-0.2734=0.2266$

③ $P(Z \geq \alpha)=0.04$인 α는 1.75

$\dfrac{X-36}{4} \geq 1.75$

$X \geq 43$

즉, 43kg 이상이 되어야 한다.

7.11 $P(Z \geq \alpha)=0.24$인 α는 약 0.71

$Z \geq \dfrac{X-3.2}{0.2}=0.71$

$X \geq 3.342$

즉, 3.342점 이상을 받아야 장학금을 탈 수 있다.

7.12 ③

어느 한 특정값 X_i가 발생할 확률은 0이다. 연속확률분포에서 확률은 범위로 언급된다.

7.13 70%

균일분포 $P(10 \leq X \leq 20) = 1.0$, $P(13 \leq X \leq 20) = 0.7$

제8장 표본 및 표집분포

8.1~8.7 생략

8.8 ① $\mu = \frac{\sum X_i}{N} = \frac{6}{3} = 2$

$$\sigma^2 = \frac{\sum (X_i - \mu)^2}{N} = \frac{2}{3}$$

②

선택가능한 표본들	$\bar{X}_i$
1,1	1.0
1,2	1.5
1,3	2.0
2,1	1.5
2,2	2.0
2,3	2.5
3,1	2.0
3,2	2.5
3,3	3.0

$\bar{X}$의 확률분포

$\bar{X}_i$	확률
1.0	1/9
1.5	2/9
2.0	3/9
2.5	2/9
3.0	1/9
합계	1.0

확률분포의 막대그래프

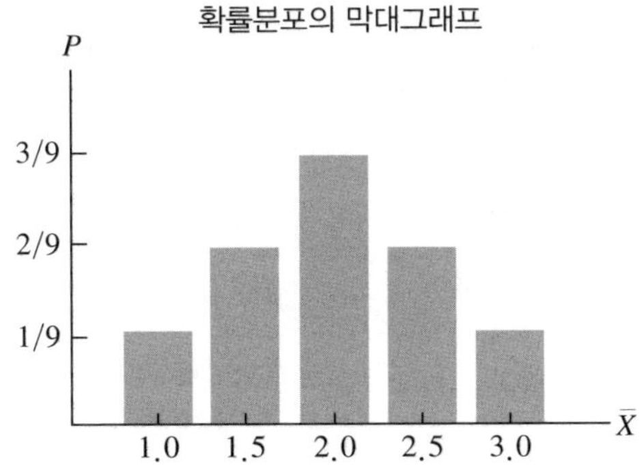

③ $\mu_{\bar{X}}=\dfrac{\sum\bar{X}}{\text{표본의 수}}=\dfrac{18}{9}=2$

$\sigma^2_{\bar{X}}=\dfrac{\sum(\bar{X}-\mu_{\bar{X}})^2}{\text{표본의 수}}=\dfrac{3}{9}=\dfrac{1}{3}$

문제 ①의 답안과 비교하여 보면 다음과 같다.

$\mu_{\bar{X}}=\mu=2$

$\sigma^2_{\bar{X}}=\dfrac{\sigma^2}{n}=\dfrac{2/3}{2}=\dfrac{1}{3}$

즉, μ와 $\mu_{\bar{X}}$는같고 $\sigma^2_{\bar{X}}$은 σ^2을 n으로 나눈 것과 같다.

8.9 $\mu_{\bar{X}}=\mu=60(\text{kg})$

$\sigma_{\bar{X}}=\dfrac{25}{\sqrt{100}}=2.5$

$Z=\dfrac{\bar{X}-\mu_{\bar{X}}}{\sigma_{\bar{X}}}=\dfrac{62-60}{2.5}=0.8$

$Z=0.8$은 0.2881에 해당

$0.5+0.2881=0.7881$

표본 100명이 62kg이라는 것은 표본분포에서 78.81%에 위치한다.

8.10 $\mu_{\bar{X}}=\mu=800(\text{시간})$

$\sigma_{\bar{X}}=\dfrac{60}{\sqrt{16}}=15$

$$\begin{aligned}P(790\le\bar{X}\le810)&=P\left(\frac{790-800}{15}\le\bar{X}\le\frac{810-800}{15}\right)\\&=P(-0.67\le\bar{X}\le0.67)\\&=2\times0.2486\\&=0.4972\end{aligned}$$

8.11 ① $\mu_{\bar{X}}=\mu=68\%$

$$\sigma_{\bar{X}}=\frac{\sigma}{\sqrt{n}}=\frac{3}{\sqrt{25}}=0.6$$

② $\mu_{\bar{X}}=\mu=68\%$

$$\sigma_{\bar{X}}=\frac{\sigma}{\sqrt{n}}\cdot\sqrt{\frac{N-n}{N-1}}=\frac{3}{\sqrt{25}}\times\sqrt{\frac{300-25}{300-1}}=0.6\times0.96=0.576$$

8.12 ① $\mu_{\bar{X}}=\mu=5.02$

표본의 크기가 100이므로, $100>500\times0.05=25$로 표본크기가 모집단 크기의 5% 이상이므로 조정계수를 적용해야 한다.

$$\sigma_{\bar{X}}=\frac{\sigma}{\sqrt{n}}\cdot\sqrt{\frac{N-n}{N-1}}=\frac{0.3}{\sqrt{100}}\times\sqrt{\frac{500-100}{500-1}}=0.027$$이다.

100명이 496만 원, 500만 원이므로 평균 한 명당 드는 비용은 각각 4.96만 원과 5만 원이 된다.

$$\begin{aligned}P(4.96\le\bar{X}\le5.00)&=P\left(\frac{4.96-5.02}{0.027}\le Z\le\frac{5.00-5.02}{0.027}\right)\\&=P(-2.22\le Z\le-0.74)\\&=0.4868-0.2704\\&=0.2164\end{aligned}$$

② $\frac{510}{500}=5.10$

$$\begin{aligned}P(\bar{X}\ge5.10)&=P\left(Z\ge\frac{5.10-5.02}{0.027}\right)\\&=P(Z\ge2.96)\\&=0.5-0.4985\\&=0.0015(\text{만 원})\end{aligned}$$

8.13

비율의 표본분포표

남아의 수(X_i)	표본비율(p_i)	확률*
0	0	1/8
1	0.33	3/8
2	0.67	3/8
3	1.00	1/8

* ${}_3C_x(p)^x \cdot (1-p)^{3-x}$로 계산

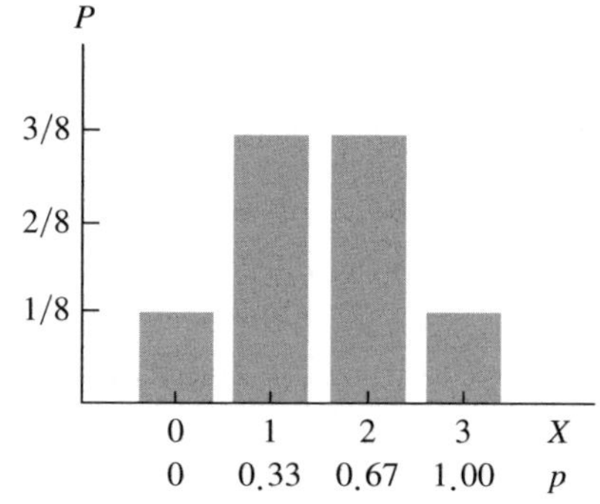

8.14 $\mu_{\bar{X}} = n \cdot \pi = 400 \times 0.1 = 40$

$\sigma_{\bar{X}} = \sqrt{npq} = \sqrt{400 \times 0.1 \times 0.9} = 6$

8.15 $\pi = p = 0.1$

$$\sigma_p = \sqrt{\frac{\pi(1-\pi)}{n}} = \sqrt{\frac{0.1 \times 0.9}{400}} = 0.015$$

8.16 $\pi = 0.10$

$$\sigma_p = \sqrt{\frac{\pi(1-\pi)}{n}} = \sqrt{\frac{0.1 \times 0.9}{400}} = 0.015$$

① $P(0.05 \geq p) = P\left(\frac{0.05-0.10}{0.015} \geq Z\right)$

$= P(-3.33 \geq Z)$

$$\fallingdotseq 0.5-0.4990$$
$$\fallingdotseq 0.0010$$

② $P(0.15 \le p) = P\left(\frac{0.05-0.10}{0.015} \le Z\right)$
$$= P(3.33 \le Z)$$
$$\fallingdotseq 0.0010$$

8.17 앞면의 횟수 X를 확률변수로 했을 때

$$\mu_{\bar{X}} = n \cdot p = 120 \times \frac{1}{2} = 60$$

$$\sigma_{\bar{X}} = \sqrt{npq} = \sqrt{120 \times \frac{1}{2} \times \frac{1}{2}} = 5.48$$

$$P(48 \le X \le 72) = P\left(\frac{48-60}{5.48} \le Z \le \frac{72-60}{5.48}\right)$$
$$= P(-2.19 \le Z \le 2.19)$$
$$= 2 \times 0.4857$$
$$= 0.9714$$

비율 p를 확률변수로 했을 때

$$\pi = 0.5$$

$$\sigma_p = \sqrt{\frac{pq}{n}} = \sqrt{\frac{0.5 \times 0.5}{120}} = 0.0456$$

$$P(0.4 \le X \le 0.6) = P\left(\frac{0.4-0.5}{0.0456} \le Z \le \frac{0.6-0.5}{0.0456}\right)$$
$$= P(-2.19 \le Z \le 2.19)$$
$$= 2 \times 0.4857$$
$$= 0.9714$$

위의 방법과 결과가 일치한다.

8.18 $\pi=0.46$

$$\sigma_p=\sqrt{\frac{\pi(1-\pi)}{n}}=\sqrt{\frac{0.46\times0.54}{200}}=0.0352$$

$$P(0.5\le p)=P\left(\frac{0.5-0.46}{0.0352}\le Z\right)$$
$$=P(1.14\le Z)$$
$$=0.5-0.3729$$
$$=0.1271$$

8.19 ①

X_i	$P(X_i)$	$X_i\cdot P(X_i)$	$X_i-E(X)$	$[X_i-E(X)]^2$	$[X_i-E(X)]^2\cdot P(X_i)$
0	$\frac{1}{4}$	0	−1	1	$\frac{1}{2}$
1	$\frac{1}{2}$	$\frac{1}{2}$	0	0	0
2	$\frac{1}{4}$	$\frac{1}{2}$	1	1	$\frac{1}{2}$
합계		1			$\frac{1}{2}$

$$E(X)=\sum X_i\cdot P(X_i)=1$$
$$\text{Var}(X)=\sum[X_i-E(X)]^2\cdot P(X_i)=\frac{1}{2}$$

②

선택가능한 표본들	$\bar{X}_i$	확률
0, 0	0	$\frac{1}{4}\times\frac{1}{4}=\frac{1}{16}$
0, 1	$\frac{1}{2}$	$\frac{1}{4}\times\frac{1}{2}=\frac{1}{8}$
0, 2	1	$\frac{1}{4}\times\frac{1}{4}=\frac{1}{16}$
1, 0	$\frac{1}{2}$	$\frac{1}{2}\times\frac{1}{4}=\frac{1}{8}$
1, 1	1	$\frac{1}{2}\times\frac{1}{2}=\frac{1}{4}$
1, 2	$\frac{3}{2}$	$\frac{1}{2}\times\frac{1}{4}=\frac{1}{8}$

$\bar{X}$의 확률분포표

$\bar{X}_i$	$P(\bar{X}_i)$
0	$\frac{1}{16}$
$\frac{1}{2}$	$\frac{1}{4}$*
1	$\frac{3}{8}$**
$\frac{3}{2}$	$\frac{1}{4}$
2	$\frac{1}{16}$
합계	1

2, 0	1	$\frac{1}{4}\times\frac{1}{4}=\frac{1}{16}$
2, 1	$\frac{3}{2}$	$\frac{1}{4}\times\frac{1}{2}=\frac{1}{8}$
2, 2	2	$\frac{1}{4}\times\frac{1}{4}=\frac{1}{16}$
합계		1

$*\ \frac{1}{8}+\frac{1}{8}$

$**\ \frac{1}{16}+\frac{1}{4}+\frac{1}{16}$

③

$\bar{X}_i$	$P(\bar{X}_i)$	$\bar{X}_i\cdot P(\bar{X}_i)$	$\bar{X}_i-E(\bar{X})$	$[\bar{X}_i-E(\bar{X})]^2$	$[\bar{X}_i-E(\bar{X})]^2\cdot P(\bar{X}_i)$
0	$\frac{1}{16}$	0	-1	1	$\frac{1}{16}$
$\frac{1}{2}$	$\frac{1}{4}$	$\frac{1}{8}$	$-\frac{1}{2}$	$\frac{1}{4}$	$\frac{1}{16}$
1	$\frac{3}{8}$	$\frac{3}{8}$	0	0	0
$\frac{3}{2}$	$\frac{1}{4}$	$\frac{3}{8}$	$\frac{1}{2}$	$\frac{1}{4}$	$\frac{1}{16}$
2	$\frac{1}{16}$	$\frac{1}{8}$	1	1	$\frac{1}{16}$
합계		1			$\frac{1}{4}$

$$E(\bar{X})=\sum\bar{X}_i\cdot P(\bar{X}_i)=1$$
$$\mathrm{Var}(\bar{X})=\sum[\bar{X}_i-E(\bar{X})]^2\cdot P(\bar{X}_i)=\frac{1}{4}$$

8.20 $\mu=50,\quad \sigma=8$

① $P(X\geq 45)=P\left(Z\geq\frac{45-50}{8}\right)$
$=P(Z\geq -0.625)$
$=0.2324+0.5$
$=0.7324$

② $P(X\leq 53)=P\left(Z\leq\frac{53-50}{8}\right)$
$=P(Z\leq 0.375)$
$=0.5+0.1443$
$=0.6443$

③ $P(44 \le X \le 52) = P\left(\frac{44-50}{8} \le Z \le \frac{52-50}{8}\right)$

$= P(-0.75 \le Z \le 0.25)$

$= 0.2734 + 0.0987$

$= 0.3721$

$\mu_{\bar{X}} = \mu = 50, \qquad \sigma_{\bar{X}} = \frac{\sigma}{\sqrt{n}} = \frac{8}{\sqrt{36}} = \frac{4}{3}$

④ $P(\bar{X} \le 52) = P\left(Z \le \frac{52-50}{4/3}\right)$

$= P(Z \le 1.5)$

$= 0.5 + 0.4332$

$= 0.9332$

⑤ $P(\bar{X} \ge 48.5) = P\left(Z \ge \frac{48.5-50}{4/3}\right)$

$= P(Z \ge -1.125)$

$= 0.3686 + 0.5$

$= 0.8686$

⑥ $P(49 \le \bar{X} \le 51) = P\left(\frac{49-50}{4/3} \le \bar{X} \le \frac{51-50}{4/3}\right)$

$= P(-0.75 \le Z \le 0.75)$

$= 2 \times 0.2734$

$= 0.5468$

8.21 $\mu_{\bar{X}} = \mu = 510,000$

표본의 크기가 50개이므로,

$$\sigma_{\bar{X}} = \frac{\sigma}{\sqrt{n}} \cdot \sqrt{\frac{N-n}{N-1}} = \frac{70,000}{\sqrt{50}} \times \sqrt{\frac{350-50}{350-1}} = 9,178.273$$

따라서

$$P(\bar{X} \ge 535,000) = P\left(Z \ge \frac{535,000-510,000}{9,178.273}\right)$$

$$=P(Z \geq 2.723)=0.5-0.4967=0.0033$$

8.22 $\pi=0.05$

$$\sigma_p=\sqrt{\frac{\pi(1-\pi)}{n}}=\sqrt{\frac{0.05\times 0.95}{500}}=0.0097$$

n이 크기 때문에 연속성을 위한 조정을 하지 않았다.

$$P(p \leq 0.03)=P\left(Z \leq \frac{0.03-0.05}{0.0097}\right)$$

$$=P(Z \leq -2.06)=0.5-0.4803=0.0197$$

8.23 2번

$n>30$이라면 중심극한정리에 의해 표본평균은 모집단 분포와 상관없이 정규분포 형태를 가진다.

8.24 $\mu_{\bar{X}}=\mu=5{,}000$(시간)

$\sigma_{\bar{X}}=200/\sqrt{16}=200/4=50$

$$P(4{,}900 \leq \bar{X} \leq 5{,}100)=P\left(\frac{4{,}900-5{,}000}{50} \leq Z \leq \frac{5{,}100-5{,}000}{50}\right)$$

$$=P(-2 \leq Z \leq 2)$$

$$=0.9545$$

8.25 $\mu_{\bar{X}}=\mu=60$(일)

$\sigma_{\bar{X}}=14/\sqrt{49}=2$

$$P(\bar{X} \geq 65)=P\left(Z \geq \frac{65-60}{2}\right)$$

$$=P(Z \geq 2.5)$$

$$=0.0062$$

8.26 $\mu_{\bar{X}}=\mu=510,000$

표본의 크기가 500개이므로,

$$\sigma_{\bar{X}}=\frac{\sigma}{\sqrt{n}}\cdot\sqrt{\frac{N-n}{N-1}}=\frac{280,000}{\sqrt{500}}\times\sqrt{\frac{3,500-500}{3,500-1}}=11,594.758$$

따라서

$$P(\bar{X}\geq 535,000)=P\left(Z\geq\frac{535,000-510,000}{11,594.758}\right)$$
$$=P(Z\geq 2.156)=0.016$$

제9장 통계적 추정

9.1 $\bar{X}-Z_{0.025}\cdot\frac{S}{\sqrt{n}}\leq\mu\leq\bar{X}+Z_{0.025}\cdot\frac{S}{\sqrt{n}}$

$$0.824-1.64\times\frac{0.042}{\sqrt{200}}\leq\mu\leq 0.824+1.64\times\frac{0.042}{\sqrt{200}}$$
$$0.819\leq\mu\leq 0.829$$

9.2 $\sigma_{\bar{X}}=\frac{\sigma}{\sqrt{n}}=\frac{10}{\sqrt{100}}=1$

95% 신뢰구간 : $\bar{X}-Z_{0.025}\cdot\frac{\sigma}{\sqrt{n}}\leq\mu\leq\bar{X}+Z_{0.025}\cdot\frac{\sigma}{\sqrt{n}}$

$$168-1.96\times 1\leq\mu\leq 168+1.96\times 1$$
$$166.04\leq\mu\leq 169.96$$

99% 신뢰구간 : $\bar{X}-Z_{0.005}\cdot\frac{\sigma}{\sqrt{n}}\leq\mu\leq\bar{X}+Z_{0.005}\cdot\frac{\sigma}{\sqrt{n}}$

$$168-2.57\times 1\leq\mu\leq 168+2.57\times 1$$
$$165.43\leq\mu\leq 170.57$$

9.3 $\bar{X}-Z_{0.025}\cdot\frac{S}{\sqrt{n}}\leq\mu\leq\bar{X}+Z_{0.025}\cdot\frac{S}{\sqrt{n}}$

$$75-1.96\times\frac{10}{\sqrt{50}}\le\mu\le 75+1.96\times\frac{10}{\sqrt{50}}$$

$$72.228\le\mu\le 77.772$$

9.4 $df=17-1=16$이고 $\alpha=0.05$일때 양쪽의 t값은 ± 2.12

$$\bar{X}-t_{0.025}\cdot\frac{S}{\sqrt{n}}\le\mu\le\bar{X}+t_{0.025}\cdot\frac{S}{\sqrt{n}}$$

$$5-2.12\times\frac{2}{\sqrt{17}}\le\mu\le 5+2.12\times\frac{2}{\sqrt{17}}$$

$$3.972\le\mu\le 6.028$$

9.5 $\sigma=\sqrt{\sigma^2}=\sqrt{0.16}=0.4$

$$Z_{0.025}\cdot\frac{\sigma}{\sqrt{n}}=1.96\times\frac{0.4}{\sqrt{40}}=0.124$$

$$\therefore\ 25.2-0.124\le\mu\le 25.2+0.124$$

$$25.076\le\mu\le 25.324$$

9.6 $df=12-1=11$이고 $\alpha=0.05$일때 양쪽의 t값은 ± 2.20

$$X-t_{0.025}\cdot\frac{S}{\sqrt{n}}\le\mu\le X+t_{0.025}\cdot\frac{S}{\sqrt{n}}$$

$$7.38-2.20\times\frac{1.24}{\sqrt{12}}\le\mu\le 7.38+2.2\times\frac{1.24}{\sqrt{12}}$$

$$6.592\le\mu\le 8.168$$

9.7 $\bar{X}-Z_{0.025}\cdot\frac{\sigma}{\sqrt{n}}\le\mu\le\bar{X}+Z_{0.025}\cdot\frac{\sigma}{\sqrt{n}}$

$$24.3-1.96\times\frac{6}{\sqrt{16}}\le\mu\le 24.3+1.96\times\frac{6}{\sqrt{16}}$$

$$21.36\le\mu\le 27.24$$

9.8 $n=\dfrac{Z^2\sigma^2}{e^2}$

$=\dfrac{(1.96)^2\times(0.05)^2}{(0.01)^2}$

$=96.04$

9.9 ① $\overline{X}=\dfrac{\sum X_i}{n}=\dfrac{-1}{10}=-0.1$

$S=\sqrt{\dfrac{\sum(X_i-\overline{X})^2}{n-1}}=6.667$

② $df=10-1=9$이고 $\alpha=0.05$일때 양쪽의 t값은 ± 2.262

$$\overline{X}-t_{0.025}\cdot\frac{S}{\sqrt{n}}\leq\mu\leq\overline{X}+t_{0.025}\cdot\frac{S}{\sqrt{n}}$$

$$-0.1-2.262\times\frac{6.667}{\sqrt{10}}\leq\mu\leq-0.1+2.262\times\frac{6.667}{\sqrt{10}}$$

$$-4.869\leq\mu\leq-4.669$$

9.10 $\sigma=\dfrac{10}{4}=2.5$라고 예측할 수 있다.

$Z=2.57,\quad \sigma=2.5,\quad e=0.5$이므로

$Z=\left(\dfrac{Z\cdot\sigma}{e}\right)^2=\left(\dfrac{2.57\times2.5}{0.5}\right)^2=165.1225$

그러므로 166개의 표본이 필요하다.

9.11 $df=20-1=19$이고 $\alpha=0.01$일때 양쪽의 t값은 ± 2.861

$$\overline{X}-t_{0.005}\cdot\frac{S}{\sqrt{n}}\leq\mu\leq\overline{X}+t_{0.005}\cdot\frac{S}{\sqrt{n}}$$

$$98.5-2.861\times\frac{3}{\sqrt{20}}\leq\mu\leq98.5+2.861\times\frac{3}{\sqrt{20}}$$

$$96.581\leq\mu\leq100.419$$

9.12 표본이 크므로 Z를 사용하여 신뢰구간을 계산한다.

$$p-Z\cdot S_p \le \pi \le p+Z\cdot S_p$$

$$95\%:0.55-1.96\times\sqrt{\frac{0.55\times0.45}{100}}\le\pi\le0.55+1.96\times\sqrt{\frac{0.55\times0.45}{100}}$$

$$99\%:0.55-2.57\times\sqrt{\frac{0.55\times0.45}{100}}\le\pi\le0.55+2.57\times\sqrt{\frac{0.55\times0.45}{100}}$$

95% 신뢰구간 : [0.453, 0.648]

99% 신뢰구간 : [0.422, 0.678]

9.13 $p-Z_{0.025}\cdot S_p\le\pi\le p+Z_{0.025}\cdot S_p$

$$0.2-1.96\times\sqrt{\frac{0.2\times0.8}{150}}\le\pi\le0.2+1.96\times\sqrt{\frac{0.2\times0.8}{150}}$$

$$0.127\le\pi\le0.273$$

9.14 $p-Z_{0.025}\cdot S_p\le\pi\le p+Z_{0.025}\cdot S_p$

$$0.3-1.96\times\sqrt{\frac{0.3\times0.7}{150}}\le\pi\le0.3+1.96\times\sqrt{\frac{0.3\times0.7}{150}}$$

$$0.3-0.073\le\pi\le0.3+0.073$$

$$0.227\le\pi\le0.373$$

9.15 $n=\dfrac{Z_{0.025}^2}{4\cdot e^2}=\dfrac{(1.96)^2}{4\times(0.02)^2}=2{,}401$

9.16 $\overline{X}=25$, $S=36$이며 $n=16$이므로, $df=15$가 된다. $df=15$일 때 90% 신뢰도를 만족시키는 t값은 [부록 3]에서 보면 $t=\pm1.753$이므로 다음과 같이 계산된다.

$$\overline{X}-t_{0.05,15}S_{\overline{X}}\le\mu\le\overline{X}+t_{0.05,15}S_{\overline{X}}$$

$$25-1.753\times\frac{36}{4}\le\mu\le25+1.753\times\frac{36}{4}$$

$$25-15.777\le\mu\le25+15.777$$

$$9.223 \le \mu \le 40.777$$

따라서 μ에 대한 90% 신뢰구간은 [9.223, 40.777]이다.

9.17 $p = \frac{6,200}{10,000} = 0.62$

$$S_p = \sqrt{\frac{p(1-p)}{n}} = \sqrt{\frac{0.62 \times (1-0.62)}{10,000}} = 0.00485$$

99%의 신뢰구간에 해당되는 Z값은 2.57이다. 이들을 신뢰구간 식 9·12에 대입하여 계산하면 다음과 같다.

$$p - Z_{0.005} \cdot S_p \le \pi \le p + Z_{0.005} \cdot S_p$$

$$0.62 - 2.57 \times 0.00485 \le \pi \le 0.62 + 2.57 \times 0.00485$$

$$0.608 \le \pi \le 0.632$$

따라서 제주도 여자 비율에 대한 99% 신뢰구간은 [0.608, 0.632]이다.

9.18 $df = 17 - 1 = 16$이고 $\alpha = 0.05$일때 양쪽의 t값은 ± 2.12

$$\overline{X} - t_{0.025} \cdot \frac{S}{\sqrt{n}} \le \mu \le \overline{X} + t_{0.025} \cdot \frac{S}{\sqrt{n}}$$

$$10 - 2.12 \times \frac{10}{\sqrt{17}} \le \mu \le 10 + 2.12 \times \frac{10}{\sqrt{17}}$$

$$4.858 \le \mu \le 15.142$$

제10장 가설검정의 기초

10.1 (예시 모범 답안) 추정은 표본으로부터 계산된 통계량을 이용해 모수의 특성을 찾아내는 방법이라면, 가설검정은 모집단에 대한 어떤 가설을 설정하고, 그 모집단으로부터 추출한 표본을 분석함으로써 가설의 타당성 여부를 결정하는 것이다.

10.2 (예시 모범 답안)

① 임곗값 : 모집단에 대해 설정한 가설을 채택 또는 기각하는 기준이 되는 값

② α−오류 : 귀무가설이 참인 데도 귀무가설을 기각하는 오류

③ β−오류 : 귀무가설이 틀렸는 데도 귀무가설을 채택하는 오류

④ 유의수준 : 가설검정에서 허용할 수 있는 최대 제1종 오류의 확률

10.3 (예시 모범 답안) 가설검정에서 설정하는 귀무가설 및 대립가설에 따라, 기각영역이 확률분포의 양쪽에 있게 되거나 한쪽에 있게 된다. 이때 기각영역이 확률분포의 양쪽에 있게 되면 양측검정, 어느 한쪽에만 있게 되면 단측검정이라고 한다.

10.4 (예시 모범 답안) 제1종 오류(α)와 제2종 오류(β)는 가설검정에서의 유의수준과 그에 따른 임곗값에 영향을 받는다. $1-\beta$로 계산되는 통계적 검정력 역시, 가설검정에서의 유의수준과 그에 따른 임곗값에 영향을 받는다.

10.5 (예시 모범 답안)

귀무가설(H_0) : 2020년 한국의 1인당 국민소득은 3만 1,000달러이다.

대립가설(H_a) : 2020년 한국의 1인당 국민소득은 3만 1,000달러보다 적다.

10.6 (예시 모범 답안)

귀무가설(H_0) : 대학전공과 같은 직종에 취업한 사람은 그렇지 않은 사람과 소득이 비슷하다.

대립가설(H_a) : 대학전공과 같은 직종에 취업한 사람은 그렇지 않은 사람보다 소득이 높다.

10.7 (예시 모범 답안)

귀무가설(H_0) : 어느 TV방송국의 드라마 시청률은 40%이다.

대립가설(H_a) : 어느 TV방송국의 드라마 시청률은 40%가 아니다.

10.8 a) 단측검정
b) 양측검정
c) 단측검정

10.9 (예시 모범 답안) 제1종 오류이다. 일반적으로 제1종 오류와 제2종 오류 중, 더 심각한 손실이나 비용을 발생시키는 오류는 제1종 오류라고 보기 때문이다.

10.10 (예시 모범 답안) 불가능하다. 제1종 오류를 감소시키면 제2종 오류가 증가하고, 제2종 오류를 감소시키면 제1종 오류가 증가하기 때문에, 두 오류를 동시에 최소가 되도록 설정하는 것은 불가능하며 일반적으로 제1종 오류를 범할 확률의 최대 허용한계인 유의수준을 만족하면서 제2종 오류는 최소로 하는 방향으로 가설 검정을 진행한다.

10.11 (예시 모범 답안) 위 가설검정에서는 귀무가설과 대립가설이 다음과 같이 설정된다.
귀무가설(H_0) : 작년과 올해의 OTT 서비스 구독자 비율이 동일하다.
대립가설(H_a) : 작년보다 올해의 OTT 서비스 구독자 비율이 더 크다.
이 가설에서 나타날 수 있는 제1종 오류와 제2종 오류는 다음과 같다. 제1종 오류는 귀무가설이 참인 데도 귀무가설을 기각하는 오류로, 작년과 올해의 OTT 서비스 구독자 비율이 동일한 데도 작년보다 올해의 OTT 서비스 구독자 비율이 더 크다고 결론내리는 경우를 말한다. 제2종오류는 귀무가설이 거짓인 데도 귀무가설을 채택하는 오류로, 작년과 올해의 OTT 서비스 구독자 비율이 같지 않은 데도, 동일하다고 보는 경우 발생하는 오류이다.

10.12 $\dfrac{X-30}{5}=Z$

$$\frac{X-30}{5}=1.96$$

$$X=30+1.96\times5=39.8(\text{분})$$

만약 음식이 39.8분 이상의 시간이 걸려 배달되었다면, 배달이 비정상적으로 늦게 되었다고 볼 수 있다.

10.13 (예시 모범 답안)

i) 귀무가설과 대립가설을 다음과 같이 설정한다.

귀무가설(H_0) : 새로운 진통제는 복용 시 효과가 나타나는 데 10분이 걸린다.

대립가설(H_a) : 새로운 진통제는 복용 시 효과가 나타나는 데 걸리는 시간이 10분보다 덜 걸린다.

ii) 유의수준(α)을 결정한다.

iii) 유의수준을 충족시키는 임곗값을 결정한다.

iv) 통계량을 계산해 임곗값과 비교한다.

v) 결과를 해석한다. 위 가설검정에서는 만약 통계량이 임곗값보다 크다면, 귀무가설이 채택되어 새로운 진통제는 복용 시 효과가 나타나는 데 10분이 걸린다고 볼 수 있고, 만약 통계량이 임곗값보다 작다면, 귀무가설이 기각되어 새로운 진통제는 복용 시 효과가 나타나는 데 걸리는 시간이 10분보다 덜 걸릴 것이라고 볼 수 있다.

10.14 (예시 모범 답안) 통계적 검정력은 제2종 오류와 관련이 있다. 제2종 오류(β)는 귀무가설이 거짓일 때 귀무가설을 채택할 확률을 나타내는 것으로, 이때 $1-\beta$는 귀무가설이 거짓일 때 귀무가설을 기각할 확률, 즉 옳은 선택을 할 확률을 나타내는 것이다. 이때의 $1-\beta$를 통계적 검정력(statistical power)이라고 한다.

10.15 (예시 모범 답안) 위 가설검정에서는 귀무가설과 대립가설이 다음과 같이 설정된다.

귀무가설(H_0) : 과자 봉지에 들은 과자의 양이 100g이다.

대립가설(H_a) : 과자 봉지에 들은 과자의 양이 100g보다 적다,
만약 검정의 임곗값이 큰 숫자라면, 귀무가설을 기각하지 않을 것이고, 임계값이 작은 숫자라면 귀무가설을 기각할 것이다. 따라서 과자 회사 입장에서는 소비자들의 불만을 부정하고 싶다면, (즉 귀무가설을 유지하고 싶다면) 검정의 임곗값이 큰 값이 되어야 한다.

제11장 단일모집단에 관한 가설검정

11.1 i) $H_0 : \mu = 110$

$H_a : \mu \neq 110$

ii) $\alpha = 0.02$(양측검정)

iii) 채택영역 : $-2.33 \leq Z \leq 2.33$

기각영역 : $Z > 2.33$ 또는 $Z < -2.33$

iv) $Z = \frac{\bar{X} - \mu}{\sigma_{\bar{X}}} = \frac{105 - 110}{20/\sqrt{100}} = -2.5$

v) H_0를 기각한다. 즉, 학생들의 평균 IQ가 110이 아니라는 주장을 받아들일 수 있다.

11.2 $n > 30$이므로 Z를 이용한다.

i) $H_0 : \mu = 270$(만 원)

$H_a : \mu > 270$(만 원)

ii) $\alpha = 0.05$(단측검정)

iii) 채택영역 : $Z \leq 1.64$

기각영역 : $Z > 1.64$

iv) $Z = \frac{\bar{X} - \mu}{S_{\bar{X}}} = \frac{2,760,000 - 2,700,000}{650,000/\sqrt{50}} = 0.653$

v) H_0를 채택한다. 즉, 교사의 월수입이 270만 원 이상이라고 할 수 없다.

11.3 $n>30$이므로 Z를 이용한다.

i) H_0 : $\mu=1,600$

H_a : $\mu\neq 1,600$

ii) $\alpha=0.05$(양측검정)

iii) 채택영역 : $-1.96\leq Z\leq 1.96$

기각영역 : $Z>1.96$ 또는 $Z<-1.96$

iv) $Z=\dfrac{\bar{X}-\mu}{S_{\bar{X}}}=\dfrac{1,570-1,600}{120/\sqrt{50}}=-1.768$

v) H_0를 채택한다. 즉, 형광등의 평균 수명이 1,600시간이라고 볼 수 있다.

11.4 $n>30$이므로 Z를 이용한다.

i) H_0 : $\mu=1,600$

H_a : $\mu<1,600$

ii) $\alpha=0.05$(단측검정)

iii) 채택영역 : $Z\geq -1.64$

기각영역 : $Z<-1.64$

iv) $Z=\dfrac{\bar{X}-\mu}{S_{\bar{X}}}=\dfrac{1,570-1,600}{120/\sqrt{50}}=-1.768$

v) H_0를 기각한다. 즉, $\mu<1,600$시간이라고 할 수 있다.

11.5 i) H_0 : $\mu=0.050$

H_a : $\mu\neq 0.050$

ii) $\alpha=0.05$(양측검정)

iii) $df=10-1=9$, 양측검정에서 $\alpha=0.05$에 대한 t값은 ± 2.26

채택영역 : $-2.26\leq t\leq 2.26$

기각영역 : $t>2.26$ 또는 $t<-2.26$

iv) $t=\dfrac{\bar{X}-\mu}{S/\sqrt{n}}=\dfrac{0.053-0.050}{0.003/\sqrt{10}}=3.162$

v) H_0를 기각한다. 즉, $\alpha=0.05$에서 기계가 정상적으로 작동한다고 볼

수 없다.

11.6 i) H_0 : $\mu=8{,}000$파운드

H_a : $\mu\neq8{,}000$파운드

ii) $\alpha=0.01$(양측검정)

iii) $df=10-1=9$에서 $\alpha=0.005$에 대한 t값은 ±3.25

채택영역 : $-3.25\leq t\leq3.25$

기각영역 : $t>3.25$ 또는 $t<-3.25$

iv) $t=\dfrac{\bar{X}-\mu}{S/\sqrt{n}}=\dfrac{7{,}750-8{,}000}{125/\sqrt{10}}=-6.325$

v) H_0를 기각한다. 즉, 노끈줄이 평균 8,000파운드의 힘을 견딘다는 회사의 주장은 틀렸다고 할 수 있다.

11.7 i) H_0 : $\mu=1{,}120$

H_a : $\mu<1{,}120$

ii) $\alpha=0.05$(단측검정)

iii) 단측검정에서 $\alpha=0.05$에 대한 Z의 값은 1.64

채택영역 : $Z\geq-1.64$

기각영역 : $Z<-1.64$

iv) $Z=\dfrac{\bar{X}-\mu}{\sigma/\sqrt{n}}=\dfrac{1{,}070-1{,}120}{125/\sqrt{8}}=-1.131$

v) H_0를 채택한다. 즉, 평균 수명이 감소하지 않았다고 말할 수 있다.

11.8 $\bar{X}=\dfrac{\sum X_i}{n}=76.05,\qquad S=\sqrt{\dfrac{\sum(X_i-\bar{X})^2}{n-1}}=9.649$

i) H_0 : $\mu=80$

H_a : $\mu\neq80$

ii) $\alpha=0.05$(양측검정)

iii) $df=20-1=19$고 $\alpha=0.025$에 대한 t값은 ±2.093

채택영역 : $-2.093\leq t\leq2.093$

기각영역 : $t>2.093$ 또는 $t<-2.093$

iv) $t=\dfrac{\bar{X}-\mu}{S/\sqrt{n}}=\dfrac{76.05-80}{9.649/\sqrt{20}}=-1.831$

v) H_0를 채택한다. 즉, 평균 점수는 80점이라고 말할 수 있다.

11.9 i) $H_0 : \mu=85$

$H_a : \mu<85$

ii) $\alpha=0.05$(단측검정)

iii) $\alpha=0.05$에서 $df=10-1=9$에 대한 t값은 1.833

채택영역 : $t\geq-1.833$

기각영역 : $t<-1.833$

iv) $t=\dfrac{\bar{X}-\mu}{S/\sqrt{n}}=\dfrac{80-85}{5/\sqrt{10}}=-3.162$

v) H_0를 기각한다. 즉, 건조시간이 새로운 공법에 의해 단축되었다고 말할 수 있다.

11.10 i) $H_0 : \mu=11.6$

$H_a : \mu<11.6$

ii) $\alpha=0.01$(단측검정)

iii) 채택영역 : $Z\geq-2.325$

기각영역 : $Z<-2.325$

iv) $Z=\dfrac{\bar{X}-\mu}{\sigma/\sqrt{n}}=\dfrac{10.5-11.6}{2.9/\sqrt{15}}=-1.469$

v) H_0를 채택한다. 즉, $\alpha=0.01$에서 주식시장의 평균 배당률이 낮아졌다고 할 수 없다.

11.11 $n>30$이므로 Z를 이용한다.

i) $H_0 : \mu=60$

$H_a : \mu\neq60$

ii) $\alpha=0.1$(양측검정)

iii) 채택영역 : $-1.645 \le Z \le 1.645$

기각영역 : $Z > 1.645$ 또는 $Z < -1.645$

iv) $Z=\dfrac{\bar{X}-\mu}{S/\sqrt{n}}=\dfrac{68-60}{8/\sqrt{100}}=10$

v) H_0를 기각한다. 즉, 설정된 가열시간은 정상 작동하고 있지 않다.

11.12 i) $H_0 : \mu=120$

$H_a : \mu<120$

ii) $\alpha=0.05$(단측검정)

모집단의 σ를 모르고 소표본이므로 $t-$검정을 한다.

iii) $\alpha=0.05$이고, 자유도 $n-1=9$일 때

채택영역 : $t \ge -1.833$

기각영역 : $t < -1.833$

iv) $t=\dfrac{\bar{X}-\mu}{S/\sqrt{n}}=\dfrac{110-120}{21.985/\sqrt{10}}=-1.438$

v) H_0를 채택한다. 즉, 평균 서버 사용시간은 120분보다 작다고 할 수 없다.

11.13 $n>30$이므로 Z를 이용한다.

① $H_0 : \mu \le 50$

$H_a : \mu > 50$

② 채택영역 : $Z \le 1.645$

기각영역 : $Z > 1.645$

$Z=\dfrac{50.5-50}{3/\sqrt{64}}=1.333$

따라서 H_0를 채택한다. 그러므로 생산을 중단할 필요가 없다.

③ $\bar{X}=Z_{0.05}\cdot\left(\dfrac{\sigma}{\sqrt{n}}\right)+\mu \quad \left(\because Z_{0.05}=\dfrac{\bar{X}-\mu}{\sigma/\sqrt{n}}\right)$

$=1.645\times\dfrac{3}{\sqrt{36}}+50$

$=50.823$

즉, 평균 열량이 50.823kcal 이하인 경우에 생산이 허용된다.

11.14 i) $H_0 : \pi=0.35$

$H_a : \pi \neq 0.35$

ii) $\alpha=0.05$

iii) 채택영역 : $-1.96 \leq Z \leq 1.96$

기각영역 : $Z>1.96$ 또는 $Z<-1.96$

iv) $p=\dfrac{495}{1,500}=0.33$

$$\sigma_p=\sqrt{\frac{0.35\times0.65}{1,500}}=0.012$$

$$Z=\frac{0.33-0.35}{0.012}=-1.667$$

v) H_0를 채택한다. 즉, 전체 고등학생 중 안경 쓴 학생의 비율이 35%라고 할 수 있다.

11.15 i) $H_0 : \pi=0.45$

$H_a : \pi<0.45$

ii) $\alpha=0.05$(단측검정)

iii) 채택영역 : $Z\geq-1.645$

기각영역 : $Z<-1.645$

iv) $p=\dfrac{34}{80}=0.425$

$$\sigma_p=\sqrt{\frac{0.45\times0.55}{80}}=0.056$$

$$Z=\frac{0.425-0.45}{0.056}=-0.446$$

v) H_0를 채택한다. 즉, 시장점유율이 45%라고 할 수 있다.

11.16 ① $\mu=\frac{\sum X_i}{N}=\frac{20}{4}=5$

$\sigma^2=\frac{\sum(X_i-\mu)^2}{N}=\frac{14}{4}=3.5$

② $n=2$ 표본을 복원추출하면, 가능한 표본은 {(3,3), (3,4), (3,5), (3,8), (4,3), (4,4), (4,5), (4,8), (5,3), (5,4), (5,5), (5,8), (8,3), (8,4), (8,5), (8,8)}이며, 각 표본이 뽑힐 확률은 1/16이다.

이때 각 표본의 표본분산과 확률을 계산해 확률분포표를 작성하면 다음과 같다.

분산의 표본분포

S^2	확률
0.0	4/16
0.5	4/16
2.0	2/16
4.5	2/16
8.0	2/16
12.5	2/16

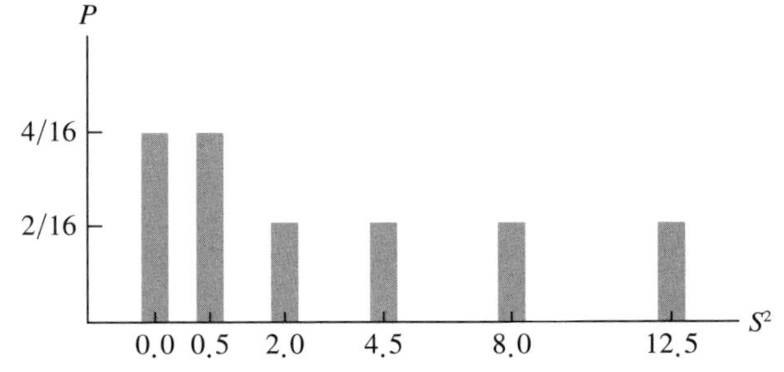

③ $E(S^2)$

$=0.0\times\frac{4}{16}+0.5\times\frac{4}{16}+2.0\times\frac{2}{16}+4.5\times\frac{2}{16}+8.0\times\frac{2}{16}+12.5\times\frac{2}{16}$

$=0.125+0.25+0.5625+1+1.5625$

$=3.5=\sigma^2$

11.17 표준편차가 30억 원이라면 분산은 900(억 원^2)

$\sigma^2=900$(억 원^2), $n=50$, $S^2=1{,}024$(억 원^2)

H_0 : $\sigma^2=900$

H_a : $\sigma^2>900$

$$\chi^2=\frac{(n-1)S^2}{\sigma^2}=\frac{(50-1)\times 1{,}024}{900}\fallingdotseq 55.751$$

$\chi^2_{0.05,49}=67.50$

$\therefore$ $55.751<67.50$이므로 표준편차는 30억 원보다 크다고 할 수 없다.

11.18 i) H_0 : $\sigma^2\leq 100$

H_a : $\sigma^2>100$

ii) $\alpha=0.01$(단측검정)

iii) $\chi^2_{0.99(19)}=36.19$이므로

채택영역 : $\chi^2\leq 36.19$

기각영역 : $\chi^2>36.19$

iv) $\chi^2=\dfrac{19\times 169}{100}=32.11$

v) H_0를 채택한다. 즉, 학생들의 성적이 고르다고 할 수 있다.

11.19 $S^2=\dfrac{\sum(X_i-\overline{X})^2}{(n-1)}=0.509$

i) H_0 : $\sigma^2=0.25$

H_a : $\sigma^2>0.25$

ii) $\alpha=0.05$(단측검정)

iii) $\chi^2_{0.95(9)}=16.92$이므로

채택영역 : $\chi^2\leq 16.92$

기각영역 : $\chi^2>16.92$

iv) $\chi^2=\dfrac{9\times 0.509}{0.25}=18.324$

v) H_0를 기각한다. 즉, 품질관리를 제대로 하고 있다고 할 수 없다.

제12장 두 모집단의 비교에 관한 가설검정

12.1 i) $H_0 : \mu_1 = \mu_2$

$H_a : \mu_1 \neq \mu_2$

ii) $\alpha = 0.01$(양측검정)

iii) 채택영역 : $-2.57 \leq Z \leq 2.57$

기각영역 : $Z > 2.57$ 또는 $Z < -2.57$

iv) $Z = \dfrac{(\bar{X}_1 - \bar{X}_2) - (\mu_1 - \mu_2)}{\sigma_d} = \dfrac{(80-85)-(0)}{\sqrt{\dfrac{\sigma_1^2}{n_1} + \dfrac{\sigma_2^2}{n_2}}} = \dfrac{(80-85)-(0)}{\sqrt{\dfrac{(28)^2}{49} + \dfrac{(24)^2}{64}}} = -1$

v) H_0를 채택한다. 즉, 서로 다른 영향을 주었다고 할 수 없다.

12.2 i) $H_0 : \mu_1 = \mu_2$

$H_a : \mu_1 > \mu_2$

ii) $\alpha = 0.10$

iii) 채택영역 : $Z \leq 1.28$

기각영역 : $Z > 1.28$

iv) $Z = \dfrac{85 - 80 - (0)}{\sqrt{\dfrac{(5)^2}{50} + \dfrac{(8)^2}{64}}} = 4.082$

v) H_0를 기각한다. 즉, 사교육을 받고 있는 학생들의 평균 수학점수가 더 높다.

12.3 A지역에서의 지지율을 p_1, B지역에서의 지지율을 p_2라 하자.

① i) $H_0 : \pi_1 = \pi_2$

$H_a : \pi_1 \neq \pi_2$

ii) $\alpha = 0.05$

iii) 채택영역: $-1.96 \leq Z \leq 1.96$

기각영역 : $Z > 1.96$ 또는 $Z < -1.96$

iv) π의 추정값 $\hat{\pi}=\dfrac{n_1p_1+n_2p_2}{n_1+n_2}=\dfrac{0.56\times300+0.48\times200}{500}=0.528$

$\pi_1-\pi_2=0$

$$\sigma_{p_1-p_2}=\sqrt{\hat{\pi}(1-\hat{\pi})+\left(\frac{1}{n_1}+\frac{1}{n_2}\right)}=\sqrt{0.528\times0.472\times\left(\frac{1}{300}+\frac{1}{200}\right)}$$

$$=0.0456$$

$$Z=\frac{(p_1-p_2)-(\pi_1-\pi_2)}{\sigma_{p_1-p_2}}=\frac{(0.560-0.480)-0}{0.0456}=1.754$$

v) H_0를 채택한다. 즉, 두 지역 간에 지지율의 차이가 있다고 할 수 없다.

② i) H_0 : $\pi_1=\pi_2$

H_a : $\pi_1>\pi_2$

ii) $\alpha=0.05$

iii) 채택영역 : $Z\leq1.64$

기각영역 : $Z>1.64$

iv) $Z=1.754$

v) H_0를 기각한다. 즉, A지역의 지지율이 더 높다고 할 수 있다.

12.4 A, B 두 표본에서 회복한 환자의 비율을 각각 π_1, π_2라 하자.

i) H_0 : $\pi_1=\pi_2$

H_a : $\pi_1>\pi_2$

ii) $\alpha=0.05$와 $\alpha=0.10$(모두 단측검정)

iii) $\alpha=0.05$일 때 채택영역 : $Z\leq1.64$

기각영역 : $Z>1.64$

$\alpha=0.10$일 때 채택영역 : $Z\leq1.28$

기각영역 : $Z>1.28$

iv) π의 추정값 $\hat{\pi}=\dfrac{X_1+X_2}{n_1+n_2}=\dfrac{75+65}{200}=0.70$

$$\sigma_{p_1-p_2}=\sqrt{\hat{\pi}(1-\hat{\pi})+\left(\frac{1}{n_1}+\frac{1}{n_2}\right)}$$

$$=\sqrt{0.70\times0.30\times\left(\frac{1}{100}+\frac{1}{100}\right)}=0.0648$$

$$Z=\frac{(p_1-p_2)-(\pi_1-\pi_2)}{\sigma_{p_1-p_2}}=\frac{(0.750-0.650)-0}{0.0648}=1.543$$

v) $\alpha=0.05$에서 H_0를 채택한다. 즉, 혈청이 환자의 치료에 효과가 있다고 할 수 없다.

$\alpha=0.10$에서 H_0를 기각한다. 즉, 혈청이 환자의 치료에 효과적이다.

12.5 i) $H_0 : \mu_1=\mu_2$

$H_a : \mu_1\neq\mu_2$

ii) $\alpha=0.01$

iii) $df=n_1+n_2-2=16+14-2=28$, $\alpha/2=0.005$일 때의 t의 값은 ±2.76

채택영역 : $-2.76\le t\le 2.76$

기각영역 : $t>2.76$ 또는 $t<-2.76$

iv) $$S_p=\sqrt{\frac{(n_1-1)S_1^2+(n_2-1)S_2^2}{n_1+n_2-2}}=\sqrt{\frac{15\times(10)^2+13\times(8)^2}{16+14-2}}=9.126$$

$$t=\frac{(\bar{X}_1-\bar{X}_2)-(\mu_1-\mu_2)}{S_p\cdot\sqrt{\frac{1}{n_1}+\frac{1}{n_2}}}=\frac{(107-112)-0}{9.126\times\sqrt{\frac{1}{16}+\frac{1}{14}}}=-1.497$$

v) H_0를 채택한다. 즉, 두 학교의 중학생의 평균 IQ에는 차이가 있다고 할 수 없다.

12.6 i) $H_0 : \mu_1=\mu_2$

$H_a : \mu_1>\mu_2$

ii) $\alpha=0.05$(단측검정)

iii) 단측검정에서 자유도가 $12+15-2=25$일 때의 t의 값은 1.708

채택영역 : $t\le1.708$

기각영역 : $t>1.708$

iv) $$S_p=\sqrt{\frac{11\times6^2+14\times8^2}{12+15-2}}=\sqrt{\frac{1,292}{25}}=7.189$$

$$t=\frac{(\bar{X}_1-\bar{X}_2)-(\mu_1-\mu_2)}{S_p\cdot\sqrt{\frac{1}{n_1}+\frac{1}{n_2}}}=\frac{(78-74)-0}{7.189\times\sqrt{\frac{1}{12}+\frac{1}{15}}}=1.437$$

v) H_0를 채택한다. 즉, A반 학생의 평균이 B반 학생의 평균보다 더 높다고 할 수 없다.

12.7 $n_1=8,\quad \bar{X}_1=80,\quad S_1^2=\frac{\sum(X-\bar{X}_1)^2}{n_1-1}=86.857$

$n_2=9,\quad \bar{X}_2=75,\quad S_2^2=\frac{\sum(X-\bar{X}_2)^2}{n_2-1}=59.25$

$$S_p=\sqrt{\frac{(n_1-1)S_1^2+(n_2-1)S_2^2}{n_1+n_2-2}}=\sqrt{\frac{(8-1)\times 86.857+(9-1)\times 59.25}{8+9-2}}=8.493$$

i) H_0 : $\mu_1=\mu_2$

H_a : $\mu_1\neq\mu_2$

ii) $\alpha=0.10$

iii) $\alpha/2=0.05$고 $df=n_1+n_2-2=8+9-2=15$일 때 t값은 ± 1.753

채택영역 : $-1.753\leq t\leq 1.753$

기각영역 : $t>1.753$ 또는 $t<-1.753$

iv) $$t=\frac{(\bar{X}_1-\bar{X}_2)-(\mu_1-\mu_2)}{S_p\cdot\sqrt{\frac{1}{n_1}+\frac{1}{n_2}}}=\frac{(80-75)-0}{8.493\times\sqrt{\frac{1}{8}+\frac{1}{9}}}=1.212$$

v) H_0를 채택한다. 즉, 인문계와 이공계 학생들의 평균 영어실력이 같다고 할 수 있다.

12.8 도시와 농촌 고등학생의 한 달 용돈액 평균을 각각 μ_1, μ_2라 하자.

i) H_0 : $\mu_1=\mu_2$

H_a : $\mu_1\neq\mu_2$

ii) $\alpha=0.01$(양측검정)

iii) 채택영역 : $-2.575\leq Z\leq 2.575$

기각영역 : $Z>2.575$ 또는 $Z<-2.575$

iv) $\sigma_d=\sqrt{\frac{\sigma_1^2}{n_1}+\frac{\sigma_2^2}{n_2}}=\sqrt{\frac{(12{,}000)^2}{40}+\frac{(4{,}000)^2}{50}}=1{,}979.899$

$$Z=\frac{(\bar{X}_1-\bar{X}_2)-(\mu_1-\mu_2)}{\sigma_d}=\frac{30{,}000-22{,}000}{1{,}979.899}=4.041$$

v) Z값이 기각영역에 속하므로 H_0를 기각한다. 도시와 농촌 학생 간 평균 용돈의 차이가 있다.

12.9 A, B사 스마트폰의 애플리케이션 다운로드 속도를 각각 μ_1, μ_2라 하자.

i) $H_0 : \mu_1=\mu_2$

$H_a : \mu_1>\mu_2$

ii) $\alpha=0.05$

iii) 채택영역 : $Z\leq 1.645$

기각영역 : $Z>1.645$

iv) $\sigma_d=\sqrt{\frac{\sigma_1^2}{n_1}+\frac{\sigma_2^2}{n_2}}=\sqrt{\frac{2}{30}+\frac{2}{55}}=0.321$

$$Z=\frac{(\bar{X}_1-\bar{X}_2)-(\mu_1-\mu_2)}{\sigma_d}=\frac{7-5}{0.321}=6.231$$

v) Z값이 기각영역에 속하므로 H_0를 기각한다. B사 스마트폰의 평균 다운로드 속도가 더 빠르다고 판단할 수 있다.

12.10 새로운 교육방식에 의한 효과를 μ_1,기존의 교육방식에 의한 효과를 μ_2라 하자.

i) $H_0 : \mu_1=\mu_2$

$H_a : \mu_1>\mu_2$

ii) $\alpha=0.05$(단측검정)

iii) 채택영역 : $Z\leq 1.645$

기각영역 : $Z>1.645$

iv) $S_d=\sqrt{\frac{(16)^2}{62}+\frac{(12)^2}{60}}=2.55$(∵ 대표본이기 때문에)

$$Z=\frac{74-66}{2.55}=3.131$$

v) H_0를 기각한다. 즉, 새로운 교육방식의 효과가 더 크다고 볼 수 있다.

12.11 A회사 제품의 평균 점수를 μ_1, B회사 제품의 평균 점수를 μ_2라 하고,

$\overline{X}_1=82.5$, $\overline{X}_2=86.5$

$n_1=6$, $n_2=10$

$S_1^2=20.3$ $S_2^2=46.5$

① i) $H_0 : \mu_1=\mu_2$

$H_a : \mu_1<\mu_2$

ii) $\alpha=0.05$

iii) 단측검정에서 자유도가 $6+10-2=14$일 때의 t값은 1.761이므로

채택영역 : $t\geq-1.761$

기각영역 : $t<-1.761$

iv) $S_p=\sqrt{\frac{5\times20.3+9\times46.5}{6+10-2}}=6.094$이므로,

$$S=6.094\times\sqrt{\frac{1}{6}+\frac{1}{10}}=3.147$$

$$t=\frac{82.5-86.5}{3.147}=-1.271$$

v) H_0를 채택한다. 즉, B회사 제품 평균 점수가 A회사 제품의 평균 점수보다 더 높다고 할 수는 없다.

② 두 모집단의 표준편차는 서로 같다. 그리고 정규분포를 이룬다.

12.12 A쿠폰의 경우를 μ_1, B쿠폰의 경우를 μ_2라 하자.

$\overline{D}=2.9$, $S_d=6.137$

i) $H_0 : \mu_1=\mu_2$

$H_a : \mu_1>\mu_2$

ii) $\alpha=0.01$(단측검정)

iii) 자유도는 $10-1=9$고 $\alpha=0.01$일 때의 t값은 2.821이므로

채택영역 : $t \leq 2.821$

기각영역 : $t > 2.821$

iv) $t=\dfrac{2.9}{6.137/\sqrt{10}}=1.494$

v) H_0를 채택한다. 따라서 A쿠폰을 사용하는 것이 더 효과가 있다고 할 수 없다.

12.13 도시의 3자녀 이상의 가구비율을 p_1, 농촌의 그것을 p_2라 하면

$$p_1=\frac{45}{200}=0.225, \qquad p_2=\frac{42}{150}=0.28$$

i) $H_0 : \pi_1=\pi_2$

$H_a : \pi_1<\pi_2$

ii) $\alpha=0.05$

iii) 채택영역 : $Z \geq -1.645$

기각영역 : $Z < -1.645$

iv) $\hat{\pi}=\dfrac{45+42}{350}=0.249$

$$\sigma_d=\sqrt{\frac{0.249\times0.751\times350}{30,000}}=0.047$$

$$\therefore\ Z=\frac{0.025-0.28}{0.047}=-1.17$$

v) H_0를 채택한다. 즉, 농촌지역에서 자녀를 더 많이 둔다고 할 수 없다.

12.14 X_1 : 10, 14, 9, 11, 15, 12, 18, 22, 17, 16 $\quad \overline{X}_1=14.4, \quad n_1=10$

X_2 : 8, 11, 12, 9, 12, 20, 19, 23, 25, 15 $\quad \overline{X}_2=15.4, \quad n_2=10$

$$S_1^2=\frac{(10-14.4)^2+\cdots+(16-14.4)^2}{10-1}=16.267$$

$$S_2^2=\frac{(8-15.4)^2+\cdots+(15-15.4)^2}{10-1}\fallingdotseq 35.822$$

H_0 : $\sigma_1^2=\sigma_2^2$

H_a : $\sigma_1^2>\sigma_2^2$

$df_1=9$, $df_2=9$고, $\alpha=0.05$인 단측검정에서 $F_{0.05(9,9)}$의 임곗값은 3.18이다.

$F=\frac{35.822}{16.267}=2.202$

∴ 두 모집단의 분산은 차이가 없다.

12.15 C공장에서 생산하는 제품용량의 분산을 S_1^2이라 하고, D의 분산을 S_2^2이라 하면

$S_1^2=18$, $df_1=9$

$S_2^2=20$, $df_2=9$

i) H_0 : $S_1^2=S_2^2$

H_a : $S_1^2<S_2^2$

ii) $\alpha=0.05$(단측검정)

iii) $F_{0.05(9,9)}=3.18$이므로

채택영역 : $F\leq 3.18$

기각영역 : $F>3.18$

iv) $F=\frac{20}{18}=1.111$

v) H_0를 기각할 수 없다. 즉, C공장이 용량관리를 더 잘한다고 할 수는 없다.

12.16 B국가와 A국가의 국민 1인당 부채의 분산을 각각 σ_1^2, σ_2^2이라고 하자.

i) H_0 : $\sigma_1^2=\sigma_2^2$

H_a : $\sigma_1^2>\sigma_2^2$

ii) $\alpha=0.01$

iii) $F_{0.01(24,29)}=2.49$이므로(∵ 양측검정이기 때문에)

채택영역 : $F\leq 2.49$

기각영역 : $F>2.49$

ⅳ) $F=\dfrac{6,400}{1,600}=4$

ⅴ) H_0를 기각한다. 즉, A국가의 국민 1인당 부채의 분산은 B국가보다 작다.

제13장 분산분석

13.1 ① A, B, C 세 자동차의 표본으로부터 계산된 평균 주행거리를 각각 $\overline{X}_1$, $\overline{X}_2$, $\overline{X}_3$라 하자.

$\overline{X}_1=11.96,\quad S_1^2=\dfrac{\sum(X_1-\overline{X}_1)^2}{n-1}=1.346$

$\overline{X}_2=12.1,\quad S_2^2=\dfrac{\sum(X_2-\overline{X}_2)^2}{n-1}=0.413$

$\overline{X}_3=10.59,\quad S_3^2=\dfrac{\sum(X_3-\overline{X}_3)^2}{n-1}=0.681$

② $SST=\sum\sum(X_{ij}-\overline{X})^2=24.433$

$SSB=\sum\sum(\overline{X}_j-\overline{X})^2=9.745$

$SSW=SST-SSB=14.688$

분산원	제곱합	자유도	평균제곱	F값
집단 간	9.745	2	4.873	5.972
집단 내	14.688	18	0.816	
합계	24.433	20		

③ A, B, C 세 자동차의 모집단의 평균 주행거리를 각각 $\mu_1=\mu_2=\mu_3$라 하자.

ⅰ) H_0 : $\mu_1=\mu_2=\mu_3$

H_a : 각 자동차들의 평균 주행거리가 다 같지는 않다.

ⅱ) $\alpha=0.05$

ⅲ) $F_{0.05(2,18)}=3.55$

채택영역 : $F\leq 3.55$

기각영역 : $F>3.55$

iv) 계산된 F값이 5.972이므로 H_0를 기각한다. 즉, 각 자동차들의 평균 주행거리는 같다고 할 수 없다.

④ 귀무가설이 기각됐으므로 사후비교를 할 수 있다.

$\alpha=0.05$, MSW $df=18$, 집단의 수 $k=3$에서 $q=3.61$

$$HSD=q\sqrt{\frac{MSW}{n}}=3.61\times\sqrt{\frac{0.816}{7}}=1.233$$

임곗값인 $HSD=1.233$보다 큰 쌍으로는 $(\bar{X}_1-\bar{X}_3)=1.37$, $(\bar{X}_2-\bar{X}_3)=1.51$이 있다. 따라서 자동차회사 A와 C, B와 C 회사에서 만든 제품 간의 평균 주행거리에는 차이가 있다.

⑤ $\eta^2=\frac{9.745}{24.433}=0.399$로 자동차 종류는 주행거리에 대해 39.9%를 설명한다.

13.2 ① $SST=\sum\sum(X_{ij}-\bar{X})^2=184.67$

$SSB=\sum n_i(\bar{X}_j-\bar{X})^2=82.68$

$SSW=SST-SSB=101.99$

분산원	제곱합	자유도	평균제곱	F값
집단 간	82.68	2	41.34	3.65
집단 내	101.99	9	11.33	
합계	184.67	11		

② i) H_0 : $\mu_1=\mu_2=\mu_3$

H_a : 각 평균들이 모두 같지는 않다.

ii) $\alpha=0.05$

iii) $F_{0.05(2,9)}=4.26$

채택영역 : $F\leq4.26$

기각영역 : $F>4.26$

iv) 계산된 F값이 3.65이므로 H_0를 기각할 수 없다.

13.3 ① $SSW = \sum\sum(X_{ij} - \overline{X}_j)^2 = \sum(n_j - 1)S_j^2$

$= (6 \times 21.5) + (9 \times 19.31) + (7 \times 15.05) + (6 \times 25.10) = 558.74$

$\overline{X} = \sum\sum\overline{X}_j \cdot n_i / \sum n_i = 37,734$

$SSB = \sum\sum(\overline{X}_j - \overline{X})^2 = 1,179.49$

$SST = SSW + SSB = 1,738.23$

분산원	제곱합	자유도	평균제곱	F값
집단 간	1,179.49	3	393.163	19.702
집단 내	558.74	28	19.955	
합계	1,738.23	31		

② i) H_0 : $\mu_1 = \mu_2 = \mu_3 = \mu_4$

H_a : 각 평균들이 모두 같지는 않다.

ii) $\alpha = 0.05$

iii) $F_{0.05(3,28)} = 2.95$이므로

채택영역 : $F \leq 2.95$

기각영역 : $F > 2.95$

iv) 계산된 F값이 19.702이므로 H_0를 기각한다. 즉, 네 과 전공학생들의 한 달 평균 용돈이 모두 같다고 할 수는 없다.

13.4 ① 집단이 4개이므로 전체 표본개수는 20+4=24개다.

②

분산원	제곱합	자유도	평균제곱	F값
집단 간	91.65	3	30.55	2.195
집단 내	278.35	20	13.9175	
합계	370	23		

③ i) H_0 : $\mu_1 = \mu_2 = \mu_3 = \mu_4$

H_a : 적어도 어느 하나는 다르다.

ii) $\alpha = 0.01$

iii) $F_{0.01(3,20)} = 4.94$이므로

채택영역 : $F \leq 4.94$

기각영역 : $F > 4.94$

iv) 계산된 F값이 $\alpha=0.01$에서 2.195이므로 H_0를 기각할 수 없다.

13.5 ① $SST=\sum\sum(X_{ij}-\bar{X})^2=134.86$

$SSB=\sum\sum(\bar{X}_j-\bar{X})^2=56.07$

$SSW=SST-SSB=134.86-56.07=78.79$

②

분산원	제곱합	자유도	평균제곱	F값
집단 간	56.07	2	28.04	7.12
집단 내	78.79	20	3.94	
합계	134.86	22		

③ i) H_0 : $\mu_1=\mu_2=\mu_3$

H_a : 적어도 어느 하나는 다르다.

ii) $\alpha=0.05$

iii) $F_{0.05(2,20)}=3.49$이므로

채택영역 : $F\leq 3.49$

기각영역 : $F>3.49$

iv) 계산된 F값이 7.12이므로 H_0를 기각한다. 즉, 어학원별 해외어학연수 비용이 모두 같다고 할 수는 없다.

13.6 가설검정에 필요한 계산

$\bar{X}_{1\cdot}=7.9$ $\quad\bar{X}_{2\cdot}=7.4$ $\quad\bar{X}_{3\cdot}=9.1$ $\quad\bar{X}_{4\cdot}=11$

$\bar{X}_{\cdot 1}=8.05$ $\quad\bar{X}_{\cdot 2}=9.65$ $\quad(\bar{X}=8.85)$

$\bar{X}_{11}=7$ $\quad\bar{X}_{21}=7$ $\quad\bar{X}_{31}=6.2$ $\quad\bar{X}_{41}=12$

$\bar{X}_{12}=8.8$ $\quad\bar{X}_{22}=7.8$ $\quad\bar{X}_{32}=12$ $\quad\bar{X}_{42}=10$

$$SST=\sum\sum\sum X_{ijk}^2-\frac{(\sum\sum\sum X_{ijk})^2}{JKn}=3,530-3,132.9=397.1$$

$$SSA=\sum Kn(\bar{X}_{j\cdot}-\bar{X})^2=10\times(7.9-8.85)^2+10\times(7.4-8.85)^2$$
$$+10\times(9.1-8.85)^2+10\times(11-8.85)^2=76.9$$

$$SSB=\sum Jn(\bar{X}_{\cdot k}-\bar{X})^2=20\times(8.05-8.85)^2+20\times(9.65-8.85)^2=25.6$$

$$SSAB=\sum\sum n(\bar{X}_{jk}-\bar{X}_{j\cdot}-\bar{X}_{\cdot k}+\bar{X})^2=5\times(7-8.05-7.9+8.85)^2$$
$$+5\times(7-8.05-7.4+8.85)^2+5\times(6.2-8.05-9.1+8.85)^2$$

$$+5\times(12-8.05-11+8.85)^2+5\times(8.8-9.65-7.9+8.85)^2$$
$$+5\times(7.8-9.65-7.4+8.85)^2+5\times(12-9.65-9.1+8.85)^2$$
$$+5\times(10-9.65-11+8.85)^2=78.2$$

$$SSW=397.1-76.9-25.6-78.2=216.4$$

$$MSA=\frac{SSA}{J-1}=\frac{76.9}{3}=25.633$$

$$MSB=\frac{SSB}{K-1}=25.6$$

$$MSAB=\frac{SSAB}{(J-1)(K-1)}=\frac{78.2}{3}=26.07$$

$$MSW=\frac{SSW}{JK(n-1)}=\frac{216.4}{4\times2\times4}=6.703$$

① 분산분석표

분산원	제곱합	자유도	평균제곱	F값
나이(A)	76.9	3	25.633	3.791
취학전 교육(B)	25.6	1	25.6	3.786
AB 상호작용	78.2	3	26.07	3.855
오차	216.4	32	6.763	
합계	397.1	39		

② 독립변수 A효과에 대한 검정

i) H_0 : 나이에 따라 차이가 없다

H_a : 나이에 따라 차이가 있다

ii) $\alpha=0.05$

iii) $F_{0.05(3,32)}$의 임곗값은 2.92

채택영역 : $F\leq2.92$

기각영역 : $F>2.92$

iv) 계산된 F값이 3.791이므로 H_0를 기각한다. 즉, 나이가 사회성 검사 점수에 영향을 끼친다.

독립변수 B효과에 대한 검정

i) H_0 : 취학 전 교육에 따라 차이가 없다

H_a : 취학 전 교육에 따라 차이가 있다

ii) $\alpha=0.05$

iii) $F_{0.05(1,32)}$의 임곗값은 4.17

채택영역: $F \leq 4.17$

기각영역: $F > 4.17$

iv) 계산된 F값은 3.786이므로 H_0를 채택한다. 즉, 취학 전 교육이 사회성 검사 점수에 영향을 끼치지 않는다.

독립변수 AB 상호작용효과에 대한 검정

i) H_0 : 두 변수 간에 상호작용이 없다

H_a : 두 변수 간에 상호작용이 있다

ii) $\alpha=0.05$

iii) $F_{0.05(3,32)}$의 임곗값은 2.92

채택영역 : $F \leq 2.92$

기각영역 : $F > 2.92$

iv) 계산된 F값은 3.855이므로 H_0를 기각한다. 즉, 나이와 취학 전 교육은 서로 상호작용을 하여 사회성 검사 점수에 영향을 끼친다.

③ A의 설명력 : $\eta^2=\dfrac{76.9}{397.1}=0.194(19.4\%)$

B의 설명력 : $\eta^2-\dfrac{25.6}{397.1}-0.065(6.5\%)$

AB의 설명력 : $\eta^2=\dfrac{78.2}{397.1}=0.197(19.7\%)$

④ 독립변수의 A의 영향에 대한 귀무가설이 기각되었으므로 사후비교를 할 수 있다. $MS=6.763$이고 각 A수준에서 $n=10$이며 부록에서 $\alpha=0.05$, $MSW\ df=32$, 집단의 수 $k=4$일때 $q=3.85$다.

$$HSD=q\sqrt{\frac{MSW}{n}}=3.85\times\sqrt{\frac{6.763}{10}}=3.166$$

임곗값인 3.166보다 평균의 차이가 큰 쌍으로는 $(\overline{X}_{4\cdot}-\overline{X}_{2\cdot})=3.6$뿐이다.

즉, 6살과 8살 간에 사회성 검사 평균점수에 차이가 있다.

13.7 분산분석표를 완성하면 다음과 같다.

분산원	제곱합	자유도	평균제곱	F값
섭취시간	(가)240	2	120	6
오차	920	46	20	
합계	1,160	48		

그러므로 (가)는 240이다.

13.8

분산원	제곱합	자유도	F값
처리	182.4	2	18.574
잔차	49.1	10	
합계	231.5	12	

13.9 $SST=\sum_{j=1}^{5}\sum_{i=1}^{3}(X_{ij}-\overline{X})^2=\sum_{j=1}^{5}\sum_{i=1}^{3}X_{ij}^2-n\times\overline{X}^2=74-60=14$

$SSB=\sum_{j=1}^{5}\sum_{i=1}^{3}(\overline{X}_{i\cdot}-\overline{X})^2=5\sum_{i=1}^{3}(\overline{X}_{i\cdot}-\overline{X})^2=10$

$SSW=SST-SSB=14-10=4$

$MSB=\dfrac{SSB}{3-1}=5$

$MSW=\dfrac{SSW}{12-1}=0.33$

$F=\dfrac{MSB}{MSW}=\dfrac{5}{0.33}=15.15$

13.10 $SSB=2\sum_{j=1}^{6}(\overline{X}_j-\overline{X})^2=73.2\quad \text{d.f.}=5$

$SSW=82\quad \text{d.f.}=6$

$F=\dfrac{73.2/5}{82/6}=1.071$

13.11 1) $SST=\sum\sum(X_{ij}-\overline{X})^2=204.25$

$SSB=\sum n_i(\overline{X}_j-\overline{X})^2=15.5$

$SSW=SST-SSB=188.75$

분산원	제곱합	자유도	평균제곱	F값
처리	15.5	2	7.75	0.370
잔차	188.75	9	20.972	
합계	204.25	11		

2) i) H_0 : $\mu_1=\mu_2=\mu_3$

H_a : 모든 평균이 같진 않다.

ii) $\alpha=0.05$

iii) $F_{0.05(2,9)}=4.26$

채택영역 : $F\leq4.26$

기각영역 : $F>4.26$

iv) 계산된 F값이 0.370이므로 H_0를 기각할 수 없다.

13.12 1) i) H_0 : $\mu_1=\mu_2=\mu_3=\mu_4$

H_a : 모든 평균이 같진 않다.

ii) $\alpha=0.05$

iii) $SST=\sum\sum(X_{ij}-\overline{X})^2=592$ d.f.$=15$

$SSB=\sum n_i(\overline{X}_j-\overline{X})^2=360$ d.f.$=3$

$SSW=SST-SSB=232$ d.f.$=12$

$$F=\frac{SSB/3}{SSW/12}=\frac{120}{19.333}=6.207$$

iv) $F_{0.05(3,12)}=3.49$

채택영역 : $F\leq3.49$

기각영역 : $F>3.49$

v) F값이 6.207이므로 H_0를 기각한다. 즉, 골프공의 디자인에 따라 평균 비거리는 같다고 할 수 없다.

2) 1)에서 귀무가설을 기각했으므로 사후분석을 할 수 있다.

$\alpha=0.05$, $MSW\ df=12$

집단의 수 $k=4$, $q=4.20$

$$HSD=q\sqrt{\frac{MSW}{n}}=4.20\times\sqrt{\frac{19.333}{4}}=9.234$$

임곗값인 $HSD=9.234$보다 큰 쌍은 $(\overline{X}_B-\overline{X}_C)=12$, $(\overline{X}_D-\overline{X}_C)=11$이 있다. 따라서 골프공 디자인 B와 C, C와 D에 따른 평균 비거리에는 차이가 있다.

3) $\eta^2=\frac{360}{592}=0.608$로 골프공 디자인은 비거리에 대해 60.8%를 설명한다.

13.13

분산원	제곱합	자유도	평균제곱	F값
교육	47.2	2	23.6	3.371
성별	161.3	1	161.3	23.043
상호작용	10.2	2	5.1	0.729
잔차	42	6		
전체	260.7	11		

13.14

분산원	제곱합	자유도	평균제곱	F값
온도(A)	50	2	25	2.5
습도(B)	90	2	45	4.5
AB 상호작용	80	4	20	2
잔차	90	9	10	
합계	310	17		

13.15 1) 가설검정에 필요한 계산

$\overline{X}_{1\cdot}=76$ $\overline{X}_{2\cdot}=79$ $\overline{X}_{3\cdot}=85.833$

$\overline{X}_{\cdot 1}=80.833$ $\overline{X}_{\cdot 2}=83.833$ $\overline{X}_{\cdot 3}=76.167$

$\overline{X}_{11}=77$ $\overline{X}_{21}=80.5$ $\overline{X}_{31}=85$

$\overline{X}_{12}=80.5$ $\overline{X}_{22}=83.5$ $\overline{X}_{32}=87.5$

$\overline{X}_{13}=70.5$ $\overline{X}_{23}=73$ $\overline{X}_{33}=85$

$$SST=\sum\sum\sum X_{ijk}^2-\frac{(\sum\sum\sum X_{ijk})^2}{JKn}=671.611$$

$$SSA=\sum Kn(\overline{X}_{j\cdot}-\overline{X})^2=179.111$$

$SSB = \sum Jn(\overline{X}_{\cdot k} - \overline{X})^2 = 304.778$

$SSAB = \sum\sum n(\overline{X}_{jk} - \overline{X}_{j\cdot} - \overline{X}_{\cdot k} + \overline{X})^2 = 49.222$

$SSW = SST - (SSA + SSB + SSAB) = 138.5$

$MSA = \dfrac{SSA}{J-1} = 89.556$

$MSB = \dfrac{SSB}{K-1} = 152.389$

$MSAB = \dfrac{SSAB}{(J-1)(K-1)} = 12.306$

$MSW = \dfrac{SSW}{JK(n-1)} = 15.389$

분산분석표

분산원	제곱합	자유도	평균제곱	F값
지역(A)	179.111	2	89.556	5.819
연령대(B)	304.778	2	152.389	9.903
AB 상호작용	49.222	4	12.306	0.800
잔차	138.5	9	15.389	
합계	671.611	17		

2) 독립변수 A에 대한 검정

i) H_0 : 지역에 따라 만족도에 차이가 없다.

H_a : 지역에 따라 만족도에 차이가 있다.

ii) $\alpha = 0.05$

iii) $F_{0.05(2,17)}$의 임계값은 3.59

채택영역 : $F \leq 3.59$

기각영역 : $F > 3.59$

iv) 계산된 F값이 5.819이므로 H_0를 기각한다.

독립변수 B에 대한 검정

i) H_0 : 연령대에 따라 만족도에 차이가 없다.

H_a : 연령대에 따라 만족도에 차이가 있다.

ii) $\alpha = 0.05$

iii) $F_{0.05(2,17)}$의 임계값은 3.59

채택영역 : $F \leq 3.59$

기각영역 : $F > 3.59$

iv) 계산된 F값이 9.902이므로 H_0를 기각한다.

독립변수 AB 상호작용효과에 대한 검정

i) H_0 : 두 변수 간에 상호작용이 없다.

H_a : 두 변수 간에 상호작용이 있다.

ii) $\alpha = 0.05$

iii) $F_{0.05(4,17)}$의 임곗값은 2.96

채택영역 : $F \leq 2.96$

기각영역 : $F > 2.96$

iv) 계산된 F값이 0.800이므로 H_0를 기각할 수 없다.

제14장 상관분석과 회귀분석의 기초

14.1 상관분석은 두 변수 간 관계가 어느 정도인지를 파악하는 분석이다. 회귀분석은 독립변수(X)로부터 종속변수(Y)에 대한 영향을 수식으로 표현하는 분석이다.

14.2 상관분석 두 변수가 어떻게 함께 움직이는가를 알아보는 것이므로, 두 변수가 모두 상관계수값에 영향을 미친다. 다만 두 변수의 측정단위가 변동되어도 영향은 없다.

14.3 두 변수의 측정단위가 변동되면 공분산은 변동되므로 상대적인 관계성을 나타내는 좋은 지표가 되지 못한다.

14.4 피어슨 상관계수는 공분산을 각 변수의 표준편차의 곱으로 나누어서 변수의 단위를 표준화시키는 방법으로 문제를 해결하였다.

14.5 회귀분석은 함수적 관계로 알고 있는 두 변수의 관계를 실제 현상이나 자료를 통해 확인해 보는 목적과, 한 변수를 기초로 하여 다른 변수를 예측하는 목적을 가지고 있다.

14.6 회귀식에서 회귀계수를 추정하는 방법 중 하나를 말하는 것으로, 잔차의 제곱합이 최소가 되도록 회귀계수를 추정하는 방법을 의미한다.

14.7 힌트 : 상관계수를 계산할 때는 각 변수에서 상수를 더하거나 빼도 그 결과가 같다. 그러므로 계산을 간단히 하기 위해 변수 X에서는 각각 320을 빼고 변수 Y에서는 2를 뺀 다음 계산하는 것이 간편하다. 다음 계산은 각각 320과 2를 뺀 다음의 결과다.

대상자	X_i	Y_i	X_i^2	X_iY_i	Y_i^2
1	0	0.8	0	0	0.64
2	36	1.1	1,296	39.6	1.21
3	48	1.3	2,304	62.4	1.69
4	21	1.0	441	21.0	1.0
5	15	0.9	225	13.5	0.81
6	1	1.1	1	1.1	1.21
7	28	1.6	784	44.8	2.56
8	62	1.8	3,844	111.6	3.24
9	56	1.5	3,136	84	2.25
10	20	0.2	400	4.0	0.04
11	38	1.9	1,444	72.2	3.61
12	5	1.2	25	6.0	1.44
합계	330	14.4	13,900	460.2	19.70

상관계수 : $r=\dfrac{n\sum X_iY_i-\sum X_i\sum Y_i}{\sqrt{n\sum X_i^2-(\sum X_i)^2}\sqrt{n\sum Y_i^2-(\sum Y_i)^2}}$

$$=\frac{12\times 460.2-330\times 14.4}{\sqrt{12\times 13,900-(330)^2}\times\sqrt{12\times 19.70-(14.4)^2}}=0.594$$

결정계수 : $r^2=(0.594)^2=0.353$

14.8

대상	X_i	Y_i	X_i^2	Y_i^2	X_iY_i
1	10	40	100	1,600	400
2	15	45	225	2,025	675
3	20	50	400	2,500	1,000
4	25	65	625	4,225	1,625
5	30	70	900	4,900	2,100
6	35	70	1,225	4,900	2,450
7	40	80	1,600	6,400	3,200
합계	175	420	5,075	26,550	11,450
	$\overline{X}=25$	$\overline{Y}=60$			

① $\hat{Y}_i=a+bX_i$에서

$$b=\frac{n\sum X_iY_i-\sum X_i\cdot\sum Y_i}{n\sum X_i^2-(\sum X_i)^2}=\frac{7\times 11,450-175\times 420}{7\times 5,075-(175)^2}$$

$$=\frac{80,150-73,500}{35,525-30,625}=1.357$$

$$a=\overline{Y}-b\overline{X}=60-1.357\times 25=26.075$$

$$\hat{Y}_i=26.075+1.357X_i$$

② 상관계수 $r=\dfrac{S_{XY}}{S_X\cdot S_Y}$에서

$$S_{XY}=\frac{\sum X_iY_i}{n}-\overline{X}\,\overline{Y}=\frac{11,450}{7}-25\times 60=135.714$$

$$S_X=\sqrt{\frac{\sum X_i^2}{n}-\overline{X}^2}=\sqrt{\frac{5,075}{7}-(25)^2}=10$$

$$S_Y=\sqrt{\frac{\sum Y_i^2}{n}-\overline{Y}^2}=\sqrt{\frac{26,550}{7}-(60)^2}=13.887$$

$$r=\frac{S_{XY}}{S_X\cdot S_Y}=\frac{135.714}{10\times 13.887}=0.977$$

14.9 $\sum X_i=56$, $\sum Y_i=40$, $\sum X_i^2=524$, $\sum X_iY_i=364$, $\overline{X}=7$, $\overline{Y}=5$

① $\hat{Y}_i = a + bX_i$에서

$$b = \frac{n\sum X_iY_i - \sum X_i \cdot \sum Y_i}{n\sum X_i^2 - (\sum X_i)^2} = \frac{8\times364 - 56\times40}{8\times524 - (56)^2} = \frac{7}{11}$$

$$a = \bar{Y} - b\bar{X} = 5 - \frac{7}{11}\times7 = \frac{6}{11}$$

그러므로 예측회귀선은 $\hat{Y}_i = \frac{6}{11} + \frac{7}{11}X_i$가 된다.

② 위에서 구한 식에 $X=10$을 대입하면,

$$\hat{Y}_i = \frac{6}{11} + \frac{7}{11}\times10 = \frac{76}{11} \fallingdotseq 6.909$$

즉, 10시간을 공부한 학생은 약 7문제를 맞출 것이다.

14.10 ①

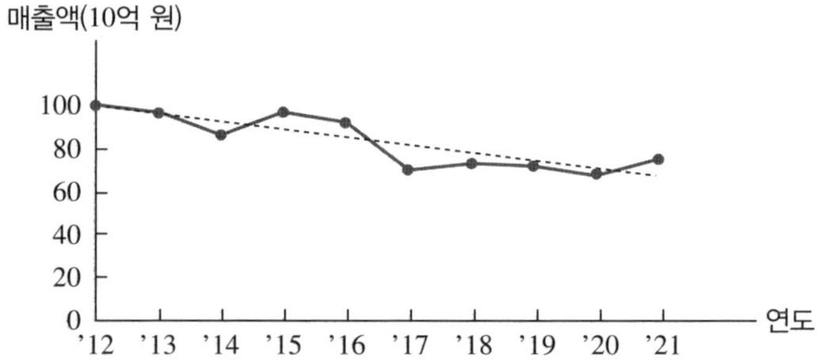

②

연도	X_i	Y_i	X_i^2	X_iY_i
2012	0	98.2	0	0
2013	1	92.3	1	92.3
2014	2	80.0	4	160
2015	3	89.1	9	267.3
2016	4	83.5	16	334
2017	5	68.9	25	344.5
2018	6	69.2	36	415.2
2019	7	67.1	49	469.7
2020	8	58.3	64	466.4
2021	9	61.2	81	550.8
합계	45	767.8	285	3,100.2

$$\overline{X}=4.5, \qquad \overline{Y}=76.78$$

$$b=\frac{n\sum X_iY_i-\sum X_i\cdot\sum Y_i}{n\sum X_i^2-(\sum X_i)^2}=\frac{10\times 3,100.2-45\times 767.8}{10\times 285-(45)^2}=-4.302$$

$$a=\overline{Y}-b\overline{X}=76.78-(-4.302)\times 4.5=96.139$$

$$\hat{Y}_i=96.139-4.302X_i$$

③ 2022년의 예상매출액

$$\hat{Y}_{11}=96.139-4.302\times 10=53.119(\text{십억 원})$$

14.11 $\sum X_i=15,\quad \sum Y_i=34.3,\quad \sum X_iY_i=89.6,$

$\overline{X}=3,\quad \overline{Y}=6.86,\quad \sum X_i^2=55,$

$$b=\frac{\sum X_iY_i-n\overline{X}\,\overline{Y}}{\sum X_i^2-n\overline{X}^2}=\frac{89.6-5\times 3\times 6.86}{55-5\times 3^2}=-1.33$$

$$a=\overline{Y}-b\overline{X}=6.86-(-1.33)\times 3=10.85$$

$$\hat{Y}_i=10.85-1.33X_i$$

14.12

종업원	X_i	Y_i	X_i^2	Y_i^2	X_iY_i
1	5	6	25	36	30
2	7	13	49	169	91
3	6	9	36	81	54
4	10	20	100	400	200
5	3	7	9	49	21
6	9	15	81	225	135
7	6	11	36	121	66
8	31	25	961	625	775
9	7	12	49	144	84
10	4	5	16	25	20
합계	88	123	1,362	1,875	1,476

$$\overline{X}=8.8 \qquad \overline{Y}=12.3$$

① $\hat{Y}_i = a + bX_i$에서

$$b = \frac{\sum X_i Y_i - n\bar{X}\,\bar{Y}}{\sum X_i^2 - n\bar{X}^2} = \frac{1{,}476 - 10 \times 8.8 \times 12.3}{1{,}362 - 10 \times (8.8)^2} = 0.670$$

$$a = \bar{Y} - b\bar{X} = 12.3 - 0.670 \times 8.8 = 6.404$$

$$\hat{Y}_i = 6.404 + 0.670X_i$$

② $\hat{Y}_i = 6.404 + 0.670 \times 8 = 11.764$

약 12대 정도 수리한다.

③ $$S_{XY} = \frac{\sum X_i Y_i}{n} - \bar{X}\,\bar{Y} = \frac{1{,}476}{10} - 8.8 \times 12.3 = 39.36$$

$$S_X = \sqrt{\frac{\sum X_i^2}{n} - \bar{X}^2} = \sqrt{\frac{1{,}362}{10} - (8.8)^2} = 7.666$$

$$S_Y = \sqrt{\frac{\sum Y_i^2}{n} - \bar{Y}^2} = \sqrt{\frac{1{,}876}{10} - (12.3)^2} = 6.026$$

$$r = \frac{S_{XY}}{S_X \cdot S_Y} = \frac{39.36}{7.666 \times 6.026} = 0.852$$

14.13 $\sum X_i = 32$, $\sum Y_i = 164$, $\sum X_i Y_i = 1{,}279$

$\bar{X} = 6.4$, $\bar{Y} = 32.8$, $\sum X_i^2 = 298$

① $$b = \frac{\sum X_i Y_i - n\bar{X}\,\bar{Y}}{\sum X_i^2 - n\bar{X}^2} = \frac{1{,}279 - 5 \times 6.4 \times 32.8}{298 - 5 \times (6.4)^2} = 2.461$$

$$a = \bar{Y} - b\bar{X} = 32.8 - 2.461 \times 6.4 = 17.05$$

$$\therefore\ \hat{Y}_i = 17.05 + 2.461X_i$$

② X의 단위가 백만 원이므로 회귀계수 $b = 2.461$, 그러므로 2.461만 벌, 즉 24,610벌만큼 더 팔 수 있다.

③ $X = 0$을 회귀식에 대입하면, $\hat{Y}_i = 17.05$, 즉 17.05만 벌쯤 팔 수 있다.

14.14 $\sum X_i = 60$, $\sum Y_i = 50$, $\sum X_i^2 = 488$

$\sum X_i Y_i = 424.8$, $\bar{X} = 6$, $\bar{Y} = 5$,

① $\hat{Y}_i = a + bX_i$에서

$$b = \frac{n\sum X_iY_i - \sum X_i \cdot \sum Y_i}{n\sum X_i^2 - (\sum X_i)^2} = \frac{10 \times 424.8 - 60 \times 50}{10 \times 488 - (60)^2} = 0.975$$

$a = \overline{Y} - b\overline{X} = 5 - 0.975 \times 6 = -0.85$

그러므로 예측회귀선은 $\hat{Y}_i = -0.85 + 0.975X_i$가 된다.

② 위에서 구한 식에 $X = 13$을 대입하면,

$\hat{Y}_i = -0.85 + 0.975 \times 13 = 11.825$

즉, 13개의 컨텐츠를 업로드한 달에는 118,250명의 구독자가 추가될 것이다.

14.15 최소제곱법에 의한 추정량과 최대우도추정법에 의한 추정량은 그 값이 동일하다.

제15장 회귀분석의 통계적 추정

15.1 ① $b = \dfrac{n\sum X_iY_i - \sum X_i \cdot \sum Y_i}{n\sum X_i^2 - (\sum X_i)^2} = 0.476$

$a = \overline{Y} - b\overline{X} = 67.583 - 0.476 \times 66.667 = 35.850$

$\hat{Y}_i = 35.850 + 0.476X_i$

② $S_e = \sqrt{\dfrac{\sum (Y_i - \hat{Y}_i)^2}{n-2}} = \sqrt{\dfrac{19.703}{10}} = 1.404$

$$r = \frac{n\sum X_iY_i - \sum X_i \sum Y_i}{\sqrt{n\sum X_i^2 - (\sum X_i)^2}\sqrt{n\sum Y_i^2 - (\sum Y_i)^2}}$$

$$= \frac{12 \times 54,107 - 800 \times 811}{\sqrt{12 \times 53,418 - (800)^2}\sqrt{12 \times 54,849 - (811)^2}} = 0.703$$

15.2 ①

학생	X_i	Y_i	X_i^2	Y_i^2	X_iY_i	$\hat{Y}_i$	$(Y_i-\hat{Y}_i)^2$
1	210	5	44,100	25	1,050	5.903	0.815
2	290	7	84,100	49	2,030	6.620	0.144
3	350	6	122,500	36	2,100	7.159	1.343
4	480	11	230,400	121	5,280	8.325	7.156
5	490	8	240,100	64	3,920	8.414	0.171
6	730	11	532,900	121	8,030	10.567	0.187
7	780	12	608,400	144	9,360	11.016	0.968
8	850	8	722,500	64	6,800	11.643	13.279
9	920	15	846,400	225	13,800	12.271	7.447
10	1,010	12	1,020,100	144	12,120	13.079	1.164
합계	6,110	95	4,451,500	993	64,490		32.674

$\overline{X}=611 \qquad \overline{Y}=9.5$

$$b=\frac{n\sum X_iY_i-\sum X_i\cdot\sum Y_i}{n\sum X_i^2-(\sum X_i)^2}=0.00897$$

$$a=\overline{Y}-b\overline{X}=4.019$$

$$S_e=\sqrt{\frac{\sum(Y_i-\hat{Y}_i)^2}{n-2}}=\sqrt{\frac{32.674}{8}}=2.021$$

② $$S_{XY}=\frac{\sum X_iY_i}{n}-\overline{X}\,\overline{Y}=\frac{64,490}{10}-611\times 9.5=644.5$$

$$S_X=\sqrt{\frac{\sum X_i^2}{n}-\overline{X}^2}=\sqrt{\frac{4,451,500}{10}-(611)^2}=268.009$$

$$S_Y=\sqrt{\frac{\sum Y_i^2}{n}-\overline{Y}^2}=\sqrt{\frac{993}{10}-(9.5)^2}=3.008$$

$$r=\frac{S_{XY}}{S_X\cdot S_Y}=\frac{644.5}{268.009\times 3.008}=0.799$$

$$r^2=(0.799)^2=0.638$$

15.3 $\overline{X}=14.0,\qquad \sum X_i^2=2,536,\qquad \overline{Y}=11.3$

$\sum X_i^2=1,541,\qquad \sum X_iY_i=1,933$

$$b=\frac{1,933-10\times 14\times 11.3}{2,536-10\times(14)^2}=\frac{351}{576}=0.609$$

$a=\overline{Y}-b\overline{X}=11.3-0.609\times 14=2.774$

$\hat{Y}_i=2.774+0.609X_i$

② $SSE=\sum(Y_i-\hat{Y}_i)^2=50.209$

③ $SST=\sum(Y_i-\overline{Y})^2=264.1$

$SSR=SST-SSE=264.1-50.209=213.891$

$$r=\frac{SSR}{SST}=\frac{213.891}{264.1}=0.810$$

15.4 $\overline{X}=183.8,\quad \overline{Y}=3,764\quad \sum X_i=1,838\quad \sum Y_i=37,640$

$\sum X_i^2=337,910,\quad \sum Y_i^2=141,677,056,\quad \sum X_iY_i=6,918,270$

① $$r=\frac{10\times 6,918,270-1,838\times 37,640}{\sqrt{10\times 337,910-(1,838)^2}\times\sqrt{10\times(141,677,056)-(37,640)^2}}$$

$=0.419$

② $$b=\frac{\sum X_iY_i-n\overline{X}\,\overline{Y}}{\sum X_i^2-n\overline{X}^2}=\frac{6,918,270-10\times 183.8\times 3,764}{337,910-10\times(183.8)^2}=0.444$$

$a=\overline{Y}-b\overline{X}=3,764-0.444\times 183.8=3,682.393$

$\hat{Y}_i=3,682.393+0.444X_i$

③ $SSE=\sum(Y_i-\hat{Y}_i)=79.131$

$SST=\sum(Y_i-\overline{Y})^2=\sum Y_i^2-n(\overline{Y})^2=141,677,056-10\times(3,764)^2=96$

$SSR=SST-SSE=96-79.131=16.869$

$$r=\frac{SSR}{SST}=\frac{16.869}{96}=0.176$$

①번에서 $r=0.419$였는데 $r^2=(0.419)^2=0.176$

따라서 표본상관계수의 제곱은 결정계수의 값과 같다.

15.5 ①

대상자	X_i	Y_i	(1) X_i^2	(2) Y_i^2	(3) X_iY_i	(4) $\hat{Y}_i$	(5) $(Y_i-\hat{Y}_i)$	(6) $(Y_i-\hat{Y}_i)^2$	(7) $(\hat{Y}_i-\overline{Y})^2$	(8) $(Y_i-\overline{Y})^2$
1	7	5	49	25	35	3.69	1.31	1.7161	0.4761	4
2	9	4	81	16	36	3.23	0.77	0.5929	0.0529	1
3	12	3	144	9	36	2.54	0.46	0.2116	0.2116	0
4	10	4	100	16	40	3.0	1.0	1.0	0	1
5	15	3	225	9	45	1.85	1.15	1.3225	1.3225	0
6	8	2	64	4	16	3.46	−1.46	2.1316	0.2116	1
7	16	1	256	1	16	1.62	−0.62	0.3844	1.9044	4
8	5	5	25	25	25	4.15	0.85	0.7225	1.3225	4
9	8	2	64	4	16	3.46	−1.46	2.1316	0.2116	1
10	10	1	100	1	10	3.0	−2.0	4.0	0	4
합계	100	30	1,108	110	275			14.2132	5.7132	20

$\overline{X}=10, \quad \overline{Y}=3$

$$b=\frac{\sum X_iY_i-n\overline{X}\,\overline{Y}}{\sum X_i^2-n\overline{X}^2}=\frac{275-10\times10\times3}{1,108-10\times(10)^2}=\frac{-25}{108}=-0.23$$

$a=\overline{Y}-b\overline{X}=5.3$

$\hat{Y}_i=5.3-0.23X_i$

② $H_0: \beta=0$

$H_a: \beta\neq0$

$\alpha=0.05$, $df=1$, 8에서 F의 임곗값은 5.32.

위의 자료에서 F값을 구하기 위해서는 SSR과 SSE가 필요한데, (6)항의 합계가 SSE고 (7)항의 합계가 SSR이다.

$$F=\frac{SSR/1}{SSE/(n-2)}=\frac{5.7132}{14.2132/8}=3.216$$

계산된 F값이 임곗값 이내에 있으므로 귀무가설을 받아들인다. 즉, CCTV 설치대수는 주당 범죄발생건수를 예언해 주는 변수라고 할 수 없다.

③

분산원	제곱합	자유도	평균제곱	F값
회귀계수	5.7132	1	5.7132	3.216
오차	14.2132	8	1.7767	
합계	19.9264	9		

④ $\alpha=0.05$, $df=8$에서 t의 임곗값은 2.306

$$S_e=\sqrt{\frac{SSE}{n-2}}=\sqrt{\frac{14.2132}{8}}=1.333$$

$$S_b=\frac{S_e}{\Sigma(X_i-\overline{X})^2}=\frac{1.333}{\sqrt{\Sigma X_i^2-n\overline{X}^2}}=\frac{1.333}{\sqrt{1,108-10\times(10)^2}}=0.128$$

$$t=\frac{b-0}{S_b}=\frac{-0.23}{0.128}=-1.797$$

계산된 t값이 임곗값 이내에 있으므로 귀무가설을 받아들인다.

15.6 ① 광고비와 대리점의 크기가 독립변수가 되며, 매출액이 종속변수가 된다.

② $\overline{X}_1=8$, $\Sigma X_{1i}^2=686$, $\Sigma\overline{X}_2=9$, $\Sigma X_{2i}^2=932$

$\overline{Y}=18.6$, $\Sigma Y_i^2=3,828$, $\Sigma X_{1i}X_{2i}=784$

$\Sigma X_2Y=1,866$, $\Sigma X_1Y=1,608$

$\Sigma(X_{1i}-\overline{X}_1)^2=X_{1i}^2-n(\overline{X}_1)^2=686-10\times 8^2=46$

$\Sigma(X_{2i}-\overline{X}_2)^2=X_{2i}^2-n(\overline{X}_2)^2=932-10\times 9^2=122$

$\Sigma(Y_i-\overline{Y})^2=\Sigma Y^2-n(\overline{Y})^2=3,828-10(18.6)^2=368.4$

$\Sigma(X_{1i}-\overline{X}_1)(X_{2i}-\overline{X}_2)=\Sigma X_{1i}X_{2i}-n\overline{X}_1\overline{X}_2=784-10\times 8\times 9=64$

$\Sigma(X_{1i}-\overline{X}_1)(Y_i-\overline{Y})=\Sigma X_{1i}Y_i-n\overline{X}_1\overline{Y}=1,608-10\times 8\times 18.6=120$

$\Sigma(X_{2i}-\overline{X}_2)(Y_i-\overline{Y})=\Sigma X_{2i}Y_i-n\overline{X}_2\overline{Y}=1,866-10\times 9\times 18.6=192$

$$b_1=\frac{120\times 122-192\times 64}{46\times 122-(64)^2}=1.551$$

$$b_2=\frac{192\times 46-120\times 64}{46\times 122-(64)^2}=0.760$$

$$a=\overline{Y}-b_1\overline{X}_1-b_2\overline{X}_2=18.6-1.551\times 8-0.760\times 9=-0.648$$

③ $SST=\sum(Y_i-\bar{Y})^2=368.4$

$SSE=\sum(Y_i-\hat{Y}_i)^2=\sum(Y_i-a-b_1X_{1i}-b_2X_{2i})^2=36.326$

$SSR=SST-SSE=368.4-36.326=332.074$

④ i) H_0 : $\beta_1=\beta_2=0$

H_a : 두 모수 중 적어도 어느 하나는 0이 아니다.

ii) $\alpha=0.01$

iii) 분산분석표

분산원	제곱합	자유도	평균제곱	F값
회귀계수	332.074	2	166.037	31.998
오차	36.326	7	5.189	
합계	368.4	9		

iv) $F_{0.01(2,7)}=9.55$이므로

채택영역 : $F\leq 9.55$

기각영역 : $F>9.55$

v) 계산된 F값이 31.998이므로 H_0를 기각한다. 즉, 두 회귀계수가 모두 0이라고는 할 수 없다.

15.7 $\sum X_{1i}X_{2i}=240,\quad \sum X_{2i}Y_i=554,\quad \sum X_{1i}Y_i=793$

$\sum Y_i=121,\quad \sum X_{1i}=51,\quad \sum X_{2i}=36$

$\bar{Y}=15.125,\quad \bar{X}_1=6.375\quad \bar{X}_2=4.50$

$\sum Y_i^2=1,863,\quad \sum X_{1i}^2=351,\quad \sum X_{2i}^2=180$

$\sum(X_{1i}-\bar{X}_1)^2=\sum X_{1i}^2-n\bar{X}_1^2=351-8\times(6.375)^2=25.875$

$\sum(X_{2i}-\bar{X}_2)^2=\sum X_{2i}^2-n\bar{X}_2^2=180-8\times(4.50)^2=18.00$

$\sum(Y_i-\bar{Y})^2=\sum Y_i^2-n\bar{Y}^2=1,863-8\times(15.125)^2=32.875$

$\sum(X_{1i}-\bar{X}_1)(X_{2i}-\bar{X}_2)=\sum X_{1i}X_{2i}-n\bar{X}_1\bar{X}_2=240-8\times 6.375\times 4.50=10.5$

$\sum(X_{1i}-\bar{X}_1)(Y_i-\bar{Y})=\sum X_{1i}Y_i-n\bar{X}_1\bar{Y}=793-8\times 6.375\times 15.125=21.625$

$\sum(X_{2i}-\bar{X}_2)(Y_i-\bar{Y})=\sum X_{2i}Y_i-n\bar{X}_2\bar{Y}=554-8\times 4.50\times 15.125=9.5$

① $b_1=\dfrac{21.625\times 18-9.5\times 10.5}{25.875\times 18-(10.5)^2}=0.814$

$$b_2 = \frac{9.5 \times 25.875 - 10.5 \times 21.625}{25.875 \times 18 - (10.5)^2} = 0.053$$

$$a = \overline{Y} - b_1\overline{X}_1 - b_2\overline{X}_2 = 15.125 - 0.814 \times 6.375 - 0.053 \times 4.50 = 9.697$$

② $SSE = \sum(Y_i - \hat{Y}_i)^2 = \sum(Y_i - a - b_1X_{1i} - b_2X_{2i})^2 = 14.764$

$$S_e = \sqrt{\frac{SSE}{n-k-1}} = \sqrt{\frac{14.764}{8-2-1}} = 1.718$$

③ $SST = \sum(Y_i - \overline{Y})^2 = 32.875$

$SSE = 14.764$(②번에서)

$SSR = SST - SSE = 18.111$

분산원	제곱합	자유도	평균제곱	F값
회귀계수	18.111	2	9.056	3.067
오차	14.764	5	2.953	
합계	32.875	7		

④ $R^2 = \frac{SSR}{SST} = \frac{18.111}{32.875} = 0.551$

15.8 기초자료를 정리하면 다음과 같다.

$\overline{X}_1 = 72$, $\sum X_{1i}^2 = 52{,}550$, $\overline{X}_2 = 40$, $\sum X_{2i}^2 = 16{,}154$

$\overline{Y} = 83.6$, $\sum Y_i^2 = 70{,}660$, $\sum X_{1i}Y_i = 60{,}888$

$\sum X_{1i}X_{2i} = 29{,}053$, $\sum X_{2i}Y_i = 33{,}722$, 따라서

$\sum(X_{1i} - \overline{X}_1)^2 = \sum X_{1i}^2 - n\overline{X}_1^2 = 52{,}550 - 10 \times (72)^2 = 710$

$\sum(X_{2i} - \overline{X}_2)^2 = \sum X_{2i}^2 - n\overline{X}_2^2 = 16{,}154 - 10 \times (40)^2 = 154$

$\sum(Y_i - \overline{Y})^2 = \sum Y^2 - n\overline{Y}^2 = 70{,}660 - 10 \times (83.6)^2 = 770.4$

$\sum(X_{1i} - \overline{X}_1)(Y_i - \overline{Y}) = \sum X_{1i}Y_i - n\overline{X}_1\overline{Y} = 60{,}888 - 10 \times 72 \times 83.6 = 696$

$\sum(X_{2i} - \overline{X}_2)(Y_i - \overline{Y}) = \sum X_{2i}Y_i - n\overline{X}_2\overline{Y} = 33{,}722 - 10 \times 40 \times 83.6 = 282$

$\sum(X_{1i} - \overline{X}_1)(X_{2i} - \overline{X}_2) = \sum X_{1i}X_{2i} - n\overline{X}_1\overline{X}_2 = 29{,}053 - 10 \times 72 \times 40 = 253$

① $b_1 = \frac{696 \times 154 - 282 \times 253}{710 \times 154 - (253)^2} = 0.791$

$$b_2 = \frac{282 \times 710 - 696 \times 253}{710 \times 154 - (253)^2} = 0.532$$

$a = \overline{Y} - b_1\overline{X}_1 - b_2\overline{X}_2 = 83.6 - 0.791 \times 72 - 0.532 \times 40 = 5.368$

$\hat{Y} = 5.368 + 0.791X_1 + 0.532X_2$

② i) $H_0 : \beta_1 = \beta_2 = 0$

H_a : 어느 하나는 0이 아니다.

ii) $\alpha = 0.01$

iii) 분산분석표

분산원	제곱합	자유도	평균제곱	F값
회귀계수	700.37	2	350.185	35.005
오차	70.03	7	10.004	
합계	770.4	9		

$SST = \sum(Y_i - \overline{Y})^2 = 770.4$

$SSE = \sum(Y_i - \hat{Y}_i)^2 = \sum(Y_i - a - b_1X_{1i} - b_2X_{2i})^2 = 70.03$

$SSR = SST - SSE = 770.4 - 70.03 = 700.37$

iv) $F_{0.01(2,7)} = 9.55$이므로

채택영역 : $F \leq 9.55$

기각영역 : $F > 9.55$

v) H_0를 기각한다. 즉, β_1과 β_2가 모두 0이라고는 할 수 없다.

③ i) $H_0 : \beta_1 = 0$

$H_a : \beta_1 \neq 0$

ii) $\alpha = 0.01$

iii) 표본크기 $n = 10$이므로, t의 자유도는 $10 - 3 = 7$이다.

채택영역 : $-3.499 \leq t \leq 3.499$

기각영역 : $t > 3.499$ 또는 $t < -3.499$

iv) $S_e = \sqrt{\dfrac{\sum(Y_i - \hat{Y}_i)}{n-k-1}} = \sqrt{\dfrac{70.03}{7}} = 3.163$

$$r_{1,2} = \frac{\sum(X_{1i} - \overline{X}_1)(X_{2i} - \overline{X}_2)}{\sqrt{\sum(X_{1i} - \overline{X}_1)^2}\sqrt{\sum(X_{2i} - \overline{X}_2)^2}} = \frac{253}{\sqrt{710}\sqrt{154}} = 0.765$$

$$S_{b_1} = \frac{S_e}{\sqrt{\sum(X_{1i} - \overline{X}_1)^2 \times (1 - r_{1,2}^2)}} = \frac{3.163}{\sqrt{710 \times (1 - 0.765^2)}} = 0.184$$

$$t=\frac{b_1}{S_{b_1}}=\frac{0.791}{0.184}=4.299$$

v) H_0를 기각한다. 즉, β_1은 0이 아니다.

15.9 회귀제곱합은 총제곱합 중에서 회귀식에 의하여 설명된 제곱합을 의미한다. 반면, 오차제곱합은 회귀식으로 설명되지 않은 제곱합이다.

15.10 두 독립변수가 서로 완전한 선형관계를 가짐으로써 발생하는 문제를 다중공선성이라고 부른다. 회귀분석에서는 독립변수들 사이에 상관관계가 1이어서는 안 된다.

15.11 다중회귀분석에서 적합도 검정이란 모든 독립변수가 종속변수와 선형관계가 없다는 귀무가설과 선형관계가 존재한다는 대립가설을 검정하는 것이다. 적합도 검정에서는 설명된 평균제곱(MSR)과 설명 안 된 평균제곱(MSE)의 비율을 이용한 $F-$검정을 사용한다.

15.12 주어진 자료에서 X_1과 X_3는 $X_3=2X_1$의 완벽한 선형관계에 있기 때문에 두 변수를 모두 사용하여 다중회귀분석을 하는 경우 다중공선성 문제가 발생하게 된다. 따라서 두 변수 중 하나를 제외하고 다중회귀분석을 수행해야 한다.

15.13 ① 집의 연식이 고정되어 있는 경우, 방의 개수가 한 단위 증가함에 따라 집값은 17.5만큼 증가한다.

② 집의 방의 개수가 고정되어 있는 경우, 연식이 한 단위 증가함에 따라 집값은 21.3만큼 감소한다.

제16장 비모수통계학

16.1 모수통계학이란 모집단에 대하여 어떤 분포가정을 하고 분석하는 통계학

을 말하며, 비모수통계학이란 모집단 분포에 대한 특정한 가정을 필요로 하지 않은 통계학이다. 비모수통계학이 유용한 이유는 모집단 분포가 정규분포라든지 등의 모집단에 대한 특별한 가정을 필요로 하지 않으므로 다양한 경우에 활용할 수 있기 때문이다.

16.2

	300만 원 미만	300만 원 이상	
40세 미만	14	6	20 P(40 미만)=0.4
40세 이상	11	19	30 P(40 이상)=0.6
합계	25 P(300 미만)=0.5	25 P(300 이상)=0.5	

기대도수: 독립적인 가정하에서는 $P(A \cap B) = P(A) \cdot P(B)$

P(40 미만∩300 미만)=0.4×0.5=0.2

P(40 미만∩300 이상)=0.4×0.5=0.2

P(40 이상∩300 미만)=0.6×0.5=0.3

P(40 이상∩300 이상)=0.6×0.5=0.3

40 미만∩300 미만=0.2×50=10명

40 미만∩300 이상=0.2×50=10명

40 이상∩300 미만=0.3×50=15명

40 이상∩300 이상=0.3×50=15명

기대도수와 관찰도수

기대도수(E_i)	관찰도수(O_i)	$O_i - E_i$	$(O_i - E_i)^2$	$(O_i - E_i)^2/E_i$
10	14	+4	16	1.6
10	6	−4	16	1.6
15	11	−4	16	1.1
15	19	+4	16	1.1
합계			64	5.4

$df = (r-1)(c-1) = 1$, $\alpha = 0.05$ 수준에서 임곗값은 $\chi^2 = 3.84$인데 계산된 χ^2값은 5.4이므로 귀무가설을 기각한다. 즉, 연령과 월급은 관련이 있다.

16.3 H_0 : 과학자의 주장은 사실이다.

H_a : 과학자의 주장은 사실이 아니다.

이론에 근거를 둔 기대도수(E_i)는

흐린 날: $100 \times 0.2 = 20$

비오는 날: $100 \times 0.2 = 20$

맑은 날: $100 \times 0.6 = 60$

기후	기대도수(E_i)	관찰도수(O_i)	$O_i - E_i$	$(O_i - E_i)^2$	$(O_i - E_i)^2/E_i$
흐린 날	20	20	0	0	0
비 오는 날	20	35	15	225	11.25
맑은 날	60	45	−15	225	3.75
합계					15

$df=2$, $\alpha=0.01$에서 임곗값은 $\chi^2=9.21$이므로 귀무가설을 기각한다. 즉, 과학자의 주장은 받아들일 수 없다.

16.4 i) H_0 : 사전검사와 사후검사 간의 변화는 없다.

H_a : 사전검사와 사후검사 간의 변화가 있다.

ii) $\alpha=0.05$

iii) $df=(r-1)(c-1)=(2-1)\times(2-1)=1$에서 χ^2의 임곗값은 3.84다.

채택영역: $\chi^2 \leq 3.84$

기각영역: $\chi^2 > 3.84$

iv) $\chi^2 = \dfrac{(A-D)^2}{A+D} = \dfrac{(8-34)^2}{8+34} = 16.095$

v) 계산된 χ^2값 16.095는 $\alpha=0.05$에서 기각영역 안에 있으므로 귀무가설은 기각된다. 즉, 사전검사와 사후검사 간에는 변화가 있다.

16.5 중앙값은 $(n+1)/2=12.5$다. 12번째와 13번째 측정값의 산술평균이다. 측정값을 가장 낮은 수치부터 가장 높은 수치로 나열하면 다음과 같다.

17, 18, 19, 20, 21, 21, 21, 22, 23, 23, 24, 25,

27, 29, 30, 32, 32, 34, 35, 36, 39, 41, 41, 42

12번째와 13번째의 측정값은 각각 25와 27이므로 중앙값은 (25+27)/2 =26이다.

	집단 1	집단 2	합계
중앙값보다 높은	8(A)	4(B)	12
중앙값보다 낮은	4(C)	8(D)	12
합계	12	12	24

i) H_0 : $Md_1 = Md_2$

H_a : $Md_1 \neq Md_2$

ii) $\alpha = 0.05$

iii) $df = (r-1)(c-1) = 1$, $\alpha = 0.05$에서 χ^2의 임곗값은 3.84

iv) $\chi^2 = \frac{n(AD-BC)^2}{(A+B)(C+D)(A+C)(B+D)} = \frac{24 \times (64-16)^2}{12 \times 12 \times 12 \times 12} = 2.667$

v) $\alpha = 0.05$에서 계산된 χ^2값은 임곗값을 넘지 못하므로 귀무가설을 받아들인다. 즉 두 집단의 남성들은 여성의 출산휴가에 대해 의견이 다르지 않다.

16.6 Mann−Whitney의 *U*검정을 하기 위해 자료를 다음과 같이 정리한다.

Mann−Whitney의 *U*검정을 위한 자료

대상자		1	2	3	4	5	6	7	8	9	10	11	12	합계
딸 있는 남성	점수	27	19	35	32	39	41	23	42	30	24	21	36	$R_1 = 180.5$
	순위	13	3	19	16.5	21	22.5	9.5	24	15	11	6	20	
딸 없는 남성	점수	29	17	23	21	34	25	41	21	32	22	18	20	$R_2 = 119.5$
	순위	14	1	9.5	6	18	12	22.5	6	16.5	8	2	4	

i) H_0 :집단 1의 태도와 집단 2의 태도는 같다.

H_a :집단 1의 태도와 집단 2의 태도는 다르다.

ii) $\alpha = 0.05$

iii) *U*의 임곗값은 37이다. 즉, 귀무가설을 기각하기 위해서는 U_1과 U_2

중에서 작은 수치가 37보다 작아야 한다.

iv) 등위 R_1은 180.5고 R_2는 119.5다.

$$U_1 = n_1 n_2 + \frac{n_1(n_{1+1})}{2} - R_1 = 12 \times 12 + \frac{12 \times (12+1)}{2} - 180.5 = 41.5$$

$$U_2 = n_1 n_2 + \frac{n_2(n_{2+1})}{2} - R_2 = 12 \times 12 + \frac{12 \times (12+1)}{2} - 119.5 = 102.5$$

U_1과 U_2 중에서 U_1이 더 작은 숫자로서 41.5다.

v) 계산된 U_1값이 $\alpha=0.05$에서 37보다 작지 않으므로 귀무가설을 기각한다. 즉, 두 집단의 태도가 다르다고 말할 수 있다.

16.7 Wilcoxon의 T검정

A(서울)	B(부산)	$D_i = A - B$	$\lvert D_i \rvert$	R_i	positive R_i	negative R_i
600	620	−20	20	4		4
740	710	+30	30	6	6	
620	630	−10	10	3		3
700	900	−200	200	12		12
40	80	−40	40	8		8
240	215	+25	25	5	5	
1,500	1,420	+80	80	11	11	1
90	95	−5	5	1		7
70	105	−35	35	7		2
65	73	−8	8	2		10
230	290	−60	60	10		
500	450	+50	50	9	9	
합계					$W^+=31$	$W^-=47$

$T = \min(31, 47) = 31$이다.

$\alpha=0.01$에서 기각영역은 $T<7$이다. 계산된 T는 31이므로 귀무가설을 채택하게 된다. 즉, 서울과 부산의 물가는 차이가 없다.

16.8

점수 \ 학생	1	2	3	4	5	6	7	8	9	10
IQ	95	80	100	125	105	96	120	140	85	130
순위(X_i)	8	10	6	3	5	7	4	1	9	2
수학점수	85	72	82	92	75	83	90	70	40	95
순위(Y_i)	4	8	6	2	7	5	3	9	10	1

학생	X_i	Y_i	$D_i=X_i-Y_i$	D_i^2
1	8	4	4	16
2	10	8	2	4
3	6	6	0	0
4	3	2	1	1
5	5	7	−2	4
6	7	5	2	4
7	4	3	1	1
8	1	9	−8	64
9	9	10	−1	1
10	2	1	1	1
합계				96

$$\rho=1-\frac{6\sum D_i^2}{n(n^2-1)}=1-\frac{6\times 96}{990}=0.42$$

ρ의 임곗값은 $\alpha=0.01$에서 0.746인데, 계산된 ρ는 0.42이므로 귀무가설을 채택한다. 즉, IQ와 수학점수는 상관이 없다.

16.9

고등학교 교사		대학교수		고등학교 학생		학부모	
점수	등위	점수	등위	점수	등위	점수	등위
21	6	38	23	29	15	18	3
19	4	34	20	16	1	23	8
17	2	20	5	22	7	35	21
24	9	26	11	32	18	36	22
31	17	30	16	27	12.5	33	19

28	14	25	10			39	24
		27	12.5			40	25
$R_1=52$		$R_2=97.5$		$R_3=53.5$		$R_4=122$	

i) H_0 : $Md_1=Md_2=Md_3=Md_4$

H_a : 네 집단 중 최소한 한 집단의 중앙값은 차이가 난다.

ii) $\alpha=0.01$

iii) $df=(k-1)=3$, $\alpha=0.01$에서 H의 임곗값을 χ^2표에서 찾아보면 11.345

iv) $H=\dfrac{12}{25\times(25+1)}=\left[\dfrac{(52)^2}{5}+\dfrac{(97.5)^2}{6}+\dfrac{(53.5)^2}{4}+\dfrac{(122)^2}{6}\right]-3\times(25+1)$

$=20.241$

v) 계산된 H값이 $\alpha=0.01$에서 임곗값보다 크므로 귀무가설을 기각한다. 즉, 네 집단의 수능검사에 대한 설문지의 점수의 중앙값은 서로 차이가 난다.

16.10

대상자	작문	회화	독해
1	56(1)	63(2)	83(3)
2	74(1)	76(2)	92(3)
3	86(3)	84(2)	78(1)
4	75(1)	77(2)	90(3)
5	71(2)	67(1)	76(3)
6	72(3)	70(2)	65(1)
7	92(3)	86(1)	88(2)
8	95(3)	90(1)	94(2)
9	66(2)	56(1)	72(3)
10	69(3)	60(1)	67(2)
11	70(1)	75(2)	91(3)
12	58(1)	65(2)	85(3)
R_k	24	19	29

i) H_0 : 세 가지 시험점수 간에 차이가 없다.

H_a : 세 가지 시험 중 최소한 한 개 이상의 시험점수는 다른 시험점수

와 차이가 있다.

ii) $\alpha=0.05$

iii) $df=K-1=2$, $\alpha=0.05$에서 χ^2의 임곗값은 5.99

기각영역: $\chi^2>5.99$

iv) $\chi^2=\dfrac{12}{nK(K+1)}\Sigma R_k^2-3n(K+1)$

$=\dfrac{12}{12\times3\times4}\times[(24)^2+(19)^2+(29)^2]-3\times12\times4=4.161$

v) 계산된 χ^2값이 $\alpha=0.05$에서 임곗값보다 작으므로 귀무가설은 채택된다. 즉, 세 가지 시험점수 간에 차이가 없다고 볼 수 있다.

16.11 ① ×. 표본들의 부호 또는 순위 등은 모집단의 분포에 의존하지 않으므로 비모수통계에 활용될 수 있다.

② ○. 자료에서 두 값의 순위가 같으면 순위의 평균값을 사용한다.

16.12 ④ Kruskal–Wallis 검정은 여러 개의 독립표본에 대한 검정방법이다.

16.13 2, Kruskal–Wallis

16.14 Friedman 검정. 각 환자의 혈압은 종속표본이라고 볼 수 있고, 약의 종류가 세 가지 이상이므로 Friedman의 검정을 사용하는 것이 적절하다.

16.15 ④–①–②–③

저자와의 협의로 인지 첨부를 생략합니다.

제6판 현대통계학 연습문제 풀이 및 해답

2022년 7월 15일 제1판 1쇄 인쇄
2022년 7월 20일 제1판 1쇄 발행

저 자 김현중 · 박래수 · 박정식 · 윤영선
발행인 강 희 일 · 박 은 자

발행처 다 산 출 판 사

서울특별시 마포구 대흥로 6길 8
등 록 1979. 6. 5. 제 3-86 호(윤)
전 화 717-3661~2
F A X 716-9945

정가 5,000원 파본은 바꾸어 드립니다.

http://www.dasanbooks.co.kr
ISBN 978-89-7110-625-9 93310